OSCAR WILDE

DE PROFUNDIS

& OUTROS ESCRITOS DO CÁRCERE

www.lpm.com.br

L&PM POCKET

Coleção **L&PM** POCKET, vol. 87

Texto de acordo com a nova ortografia.

Este livro foi publicado pela L&PM Editores, em 1982, na Coleção Rebeldes e Malditos

Primeira edição na Coleção **L&PM** POCKET: janeiro de 1998
Esta reimpressão: março de 2018

Capa: Ivan Pinheiro Machado sobre foto de Oscar Wilde
Tradução de De Profundis: Júlia Tettamanzy
Tradução das cartas: Maria Ângela Saldanha Vieira de Aguiar
Revisão: Flávio Dotti Cesa

W672

Wilde, Oscar, 1854-1900. pseud.
De Profundis e outros escritos do cárcere / Oscar Fingal O'Flahertie Wills; tradução de Júlia Tettamanzy e Maria Ângela Saldanha Vieira de Aguiar – Porto Alegre: L&PM, 2018.
176p. ; 18 cm – (Coleção L&PM POCKET; v. 87)

ISBN 978-85-254-0825-9

CDD Ir826
CDU 820(415)-6

Catalogação elaborada por Izabel A. Merlo, CRB 10/329.

Rua Comendador Coruja 314, loja 9 – Floresta – 90.220-180
Porto Alegre – RS – Brasil / Fone: 51.3225.5777 – Fax: 51.3221-5380

Pedidos & Depto. Comercial: vendas@lpm.com.br
Fale conosco: info@lpm.com.br
www.lpm.com.br

Impresso no Brasil
Verão de 2018

Oscar Wilde
(1854-1900)

Oscar Fingal O'Flahertie Wills Wilde nasceu em 1854, em Dublin, filho do cirurgião Sir William Wilde e da escritora conhecida como Speranza. Wilde estudou no Trinity College, em Dublin, e no Magdalen College, em Oxford, e era um aluno brilhante, chegando a ganhar o prêmio Newdigate por seu poema "Ravenna". Enquanto estava em Oxford, a aparência extravagante e a ardente devoção ao esteticismo (ou dandismo) chamou a atenção das pessoas, em grande parte hostis ao seu comportamento. Porém, com seu talento e instinto publicitário, Wilde logo se tornou um nome conhecido no meio literário. Em 1881, publicou *Poems* e, após casar com Constance Lloyd em 1884, publicou alguns volumes de histórias para crianças, originalmente escritas para os próprios filhos. É de 1891 seu único romance, *O retrato de Dorian Gray*. Wilde desfrutou grande sucesso nos palcos com suas inteligentes e brilhantes comédias: *O leque de Lady Windermere* (1892), *A Woman of No Importance* (1893), *Um marido ideal* (1895) e *A importância de ser prudente* (1895). Sua última peça, *Salomé*, escrita em francês, de início foi censurada em Londres. Posteriormente foi adaptada como uma ópera por Richard Strauss e traduzida para o inglês por Lord Alfred Douglas, conhecido como "Bosie", provável amante do autor. O pai de Douglas, o Marquês de Queensberry, que desaprovava fortemente o relacionamento, acusou o notório dramaturgo por suas preferências sexuais. A trágica polêmica levou Wilde para a prisão. Durante o cárcere, escreveu uma carta repleta de ressentimento para Lord Douglas, publicada em 1905 como *De Profundis*. No seu lançamento, em 1897, Wilde estava financeira e emocionalmente arrasado. Nessa época, adotou o nome de Sebastian Melmoth e foi morar na França, onde escreveu seu mais famoso poema, *A balada do cárcere de Reading*. Morreu no exílio, em Paris, em 1900.

Livros do autor na Coleção **L&PM** POCKET

A alma do homem sob o socialismo
De Profundis
O fantasma de Canterville e outras histórias
A importância de ser prudente
O retrato de Dorian Gray

Leia também na Coleção **L&PM** POCKET BIOGRAFIAS

Oscar Wilde – Daniel Salvatore Schiffer

Sumário

Introdução ao *De Profundis*

*Vyvyan Holland**

Em 1905 foi publicada em Londres a obra póstuma de Oscar Wilde, *De Profundis*. No prefácio da primeira edição, Robert Ross, grande amigo do autor, escreveu: "Este livro quase não necessita de introdução ou explicações. Só quero deixar registrado que foi escrito pelo meu amigo Oscar Wilde durante os últimos meses que passou na prisão, sendo a única obra que escreveu enquanto esteve preso e também seu último trabalho em prosa".

A edição de 1905 do *De Profundis* era composta por trechos de um trabalho bem mais longo, redigido sob a forma de uma carta dirigida a Sir Alfred Douglas. Eram oitenta páginas escritas em letra miúda, em vinte folhas de papel azul encimado pelas Armas da Coroa, fornecidas pela direção do presídio. Wilde só podia receber uma folha de cada vez, e esta, uma vez preenchida, era retirada e substituída por outra. Assim, ele não chegou a revisar o documento final, sendo portanto extraordinária a maneira como este flui naturalmente, já que o manuscrito original quase não apresenta correções.

Wilde desejava que o documento fosse enviado diretamente da prisão para Robert Ross, acompanhado por uma carta contendo instruções sobre o destino que deveria ter. O regulamento da prisão não permitiu que isso acontecesse e,

*Segundo filho de Oscar Wilde, responsável pela publicação da versão completa do *De Profundis*. (N.E.)

assim, a carta foi enviada sem o manuscrito. De acordo com o regulamento do Presídio, nada que tivesse sido escrito por um prisioneiro enquanto cumpria pena poderia sair da prisão, exceto cartas que, mesmo assim, eram cuidadosamente examinadas e censuradas pelas autoridades carcerárias. O diretor da Prisão de Reading, entretanto, consentiu em entregar a Wilde o manuscrito quando ele foi libertado, na manhã de 19 de maio de 1897. Naquele mesmo dia Wilde deixaria a Inglaterra pela última vez. Ao chegar a Dieppe, foi recebido por Robert Ross, a quem entregou o manuscrito, sendo esta a última vez em que o viu ou teve algo a ver com ele.

A carta contendo as instruções fora escrita um mês antes da libertação de Wilde e aparece *in extenso* na primeira edição completa de sua obra, publicada por Methuen e Cia. em 1908. Os trechos que se referem diretamente ao livro são os que seguem:

"Meu querido Robbie,

Estou enviando um manuscrito que, espero, chegará são e salvo às suas mãos. Tão logo o tenha lido, quero que mande alguém copiá-lo para mim. Há várias razões pelas quais desejo que isso seja feito, mas uma só será suficiente: quero que você seja meu executor literário caso eu venha a morrer e que assuma total controle sobre minhas peças, livros e papéis. E é claro que, como meu executor, deve ter em seu poder o único documento capaz de explicar o meu extraordinário comportamento. Quando tiver lido a carta, conhecerá a explicação psicológica para uma conduta que, vista de fora, pareceria ser apenas uma combinação da mais absoluta idiotice com a mais vulgar bravata. Algum dia a verdade será conhecida – não necessariamente enquanto eu for vivo... Mas não estou disposto a permanecer para sempre na galeria grotesca em que me colocaram, pela simples razão de que herdei dos meus pais um nome da mais alta distinção na literatura e nas artes e não posso permitir que esse nome seja enxovalhado para toda a eternidade. Não pretendo defender minha conduta. Explico-a, apenas...

Quanto ao método utilizado para a cópia, não quero que ela seja feita em papel de seda, mas em folhas de boa qualidade, como as que são usadas para copiar peças teatrais, deixando sempre uma larga margem rubricada para as correções... A datilógrafa poderá ser alimentada através de uma fenda na porta, como acontece com os Cardeais enquanto escolhem o Papa, até o momento em que chegará à janela e anunciará ao mundo: *Habet mundus Epistolam*! Pois que esta carta é na verdade uma encíclica e, assim como as bulas do Santo Papa recebem o nome de suas palavras iniciais, poderá ser conhecida como: *'Epistola: in Carcere et Vinculis'*."

Uma cópia foi feita segundo as instruções de Wilde. Robert Ross não permitiu que a carta ficasse fora do alcance de suas mãos e ditou-a a uma datilógrafa, que fez um original e uma cópia a carbono. Este detalhe é importante para que possamos entender a história subsequente. Em vez de enviar o manuscrito para Alfred Douglas, Ross guardou-o, enviando a Douglas uma cópia datilografada. Fez bem ao agir assim. A verdade é que conhecia muito bem o caráter de Douglas. Este, depois de ler as primeiras páginas, julgou aquilo tudo bem maior do que o que sua vaidade poderia suportar e deixou-as de lado, destruindo-as mais tarde, pois, num daqueles acessos de ingenuidade que às vezes o acometiam, acreditou que aquela deveria ser a única cópia existente e que seu gesto resolveria definitivamentc uma situação embaraçosa.

Alguns anos mais tarde, Alfred Douglas romperia com Robert Ross. A esta altura ele já havia descoberto que este possuía o manuscrito original e pediu que ele lhe fosse entregue, argumentando que, como fora endereçado a ele, na verdade lhe pertencia. Não há dúvida de que pretendia obter uma bela soma com sua venda, como já acontecera com a venda de todas as cartas que Wilde lhe escrevera. Mas Ross decidiu a questão, lacrando o manuscrito e doando-o ao Museu Britânico, sob a condição de que este deveria mantê-lo lacrado durante os próximos sessenta anos, findos os quais seria de esperar que todas as pessoas mencionadas na carta já estivessem mortas.

Isto aconteceu em 1909 e o assunto poderia ter permanecido encerrado até 1969. Mas em 1912 Alfred Douglas aborreceu-se com certos trechos de um estudo sobre Oscar Wilde escrito por Arthur Ransome. Embora seu nome não tivesse sido mencionado, qualquer pessoa que conhecesse as circunstâncias do caso não teria a menor dificuldade em identificá-lo, e Alfred Douglas decidiu entrar com uma ação contra Ransome, na esperança de que, através deste, pudesse prejudicar também a Robert Ross.

O caso foi julgado em abril de 1913, durante quatro dias, diante do Juiz Justice Darling e de um júri especial. A principal prova era a carta guardada no Museu Britânico, que foi portanto aberta e apresentada pelo bibliotecário do Museu, por intimação do Tribunal. Vários trechos foram lidos no Tribunal e transcritos no *Times*. O júri decidiu que as palavras que haviam motivado a queixa eram realmente injuriosas, mas verdadeiras. O veredito, que incluía o pagamento das custas do processo, foi favorável a Arthur Ransome e o manuscrito voltou ao Museu.

Como a defesa baseava-se quase inteiramente na carta que Wilde escrevera na prisão, era natural que Alfred Douglas recebesse uma cópia dessa carta. Imediatamente, Douglas anunciou a intenção de publicá-la na América (já que os direitos de publicação na Inglaterra o impediam de fazê-lo), com seus próprios comentários. A cópia feita em 1897 ainda se encontrava em poder de Ross. Assim, para impedir que Douglas realizasse o seu intento, Ross a enviou para Nova York no primeiro navio e lá Paul Reynolds fez imprimir rapidamente 16 cópias, com o único objetivo de garantir os direitos de publicação na América. Não houve tempo de corrigir as provas tipográficas, já que a principal preocupação era assegurar o direito de edição antes que Alfred Douglas pudesse fazê-lo.

Com a preciosa ajuda de Reynolds, o livro ficou pronto em dez dias. Dos dezesseis exemplares impressos, quinze foram enviados para a Inglaterra, sendo distribuídos entre os amigos do autor e doados a várias bibliotecas. A décima sexta cópia foi posta à venda na sala de exposições do responsável pela impressão, de acordo com a lei americana que rege o copyright. Seu preço foi fixado em cinco mil dólares, para desencorajar os curiosos, mas não tardou a aparecer alguém disposto a pagar esta alta soma e a obra foi retirada sem que se descobrisse o nome do comprador. Tal como apareceu, o livro estava cheio de erros de impressão e lacunas, mas era suficientemente exato para o propósito a que se destinava.

A cópia a carbono original (se é que podemos chamá-la assim) voltou à Inglaterra e, com a morte de Robert Ross em 1918, veio ter às minhas mãos. O texto a seguir é tirado dessa cópia. O manuscrito original ainda permanece no Museu Britânico, pois as autoridades do Museu jamais permitiram que alguém tivesse acesso a ele, embora seu conteúdo já não seja mais segredo e portanto não exista mais qualquer razão para que permaneça lacrado.

Em 1936 foi sugerido que chegara o momento de publicar a carta na íntegra. Alfred Douglas nunca admitira antes a sua publicação, mas decidiu retirar suas objeções, percebendo que mais cedo ou mais tarde ela teria que aparecer e que talvez fosse melhor se isso acontecesse enquanto ele ainda estava vivo. Mas quando as negociações já iam adiantadas, Douglas retirou seu consentimento e o projeto teve que ser arquivado. Alfred Douglas morreu em 1945, e o último obstáculo que impedia a publicação desapareceu com ele.

Em 1908, Robert Ross permitiu que o Dr. Max Meyerfeld traduzisse a carta para o alemão e ela foi publicada pela Editora S. Fisher, de Berlim. O título que o Dr. Meyerfeld escolheu foi o mesmo que o próprio Wilde sugerira em tom de brincadeira, ou seja: *Epistola: in Carcere et Vinculis*. Em 1914, Frank Harris publicou uma biografia de Oscar

Wilde em que aparecem trechos da carta, copiados das transcrições não muito exatas que o *Times* fizera durante o julgamento. Henry Daviel também publicou algumas passagens em francês. Houve, além dessas, uma versão não autorizada em espanhol, traduzida do alemão, e uma outra versão pirata, totalmente ridícula, que circulou na América, tão completamente diferente do original que bem poderia ser uma tradução da versão espanhola feita a partir da tradução alemã!

Seja como for, esta é a primeira versão completa e exata da última obra em prosa de Oscar Wilde. Através dela, Wilde esperava que a posteridade e até mesmo seus inimigos pudessem entender seus sofrimentos. Neste documento ele tentou – como ele próprio havia declarado – explicar sua conduta sem tentar defendê-la.

Junho de 1949

Epistola: in Carcere et Vinculis

Prisão de Sua Majestade, Reading.

Querido Bosie*:

Depois de longa e infrutífera espera decidi escrever-lhe, tanto para o seu próprio bem quanto para o meu, pois não me agradaria pensar que suportei dois longos anos de cárcere sem receber uma só linha sua, ou mesmo qualquer recado ou notícia, salvo algumas que só me trouxeram sofrimento.

Nossa malfadada e lamentável amizade acabou levando-me à ruína e ao descrédito público e, no entanto, a lembrança da antiga afeição que nos unia está sempre comigo e é bem triste para mim pensar que o ódio, o desprezo e o rancor tomarão para sempre em meu coração o lugar antes ocupado pelo amor. Creio que, no íntimo, você também sentirá que é bem melhor escrever-me enquanto amargo a solidão do cárcere do que publicar minhas cartas sem meu consentimento ou dedicar-me poesias que não solicitei, embora o mundo jamais venha a conhecer quaisquer palavras de remorso ou paixão, de dor ou indiferença que você decida enviar-me como resposta ou apelo.

Não tenho nenhuma dúvida de que nesta carta, em que é preciso que eu escreva sobre a sua vida e a minha, sobre o passado e o futuro, sobre coisas boas que se transformaram

*Diminutivo familiar de Lorde Alfred Douglas. (N.E.)

em amargura e amarguras que poderiam transformar-se em alegrias, haverá muita coisa capaz de ferir profundamente a sua vaidade. Se isso acontecer, leia e releia a carta até conseguir eliminar essa vaidade. Se encontrar nela alguma acusação que lhe pareça injusta, lembre-se que devemos ser sempre gratos por qualquer falta da qual possamos ser injustamente acusados. E se encontrar nela uma só passagem capaz de fazer com que seus olhos se encham de lágrimas, chore como nós choramos na prisão, onde tanto o dia quanto a noite foram feitos para as lágrimas. Esta é a única coisa que pode salvá-lo. Se, porém, for procurar sua mãe para queixar-se, como fez quando eu me referi a você com tanto desprezo na carta que escrevi a Robbie, para que ela possa adulá-lo e lisonjeá-lo, fazendo retornar todo o seu orgulho e a sua satisfação consigo mesmo, estará completamente perdido. Pois se conseguir encontrar uma só justificativa para o seu comportamento, não tardará a encontrar mais de cem e voltará a ser exatamente o que era antes. Ainda diz, como disse a Robbie em resposta à carta que ele lhe escreve, que eu "atribuía a você motivações bem pouco dignas"? Ah, mas se a sua vida não tinha qualquer motivação! Uma motivação é um objetivo intelectual e você tinha apenas apetites. Que você era "muito jovem" quando a nossa amizade começou? Mas se o seu mal não era que soubesse tão pouco sobre a vida, mas que soubesse tanto! Ao me conhecer, já havia deixado para trás o amanhecer da infância com seu delicado viço, sua luz pura e clara, sua alegre inocência tão plena de esperanças. Com passos rápidos e apressados, havia passado do Romance ao Realismo. O esgoto, e tudo o que nele vive, já tinha começado a exercer sobre você o seu fascínio. Esta foi a causa do problema que fez com que você me procurasse em busca de auxílio, quando eu, tão imprudentemente e indo contra a sabedoria do mundo, por compaixão e bondade, decidi auxiliá-lo. É preciso que você leia esta carta, embora cada palavra possa feri-lo assim como o fogo ou o bisturi do cirurgião fazem arder e sangrar a carne delicada. Lembre-se que há uma grande diferença entre aquele a quem os deuses julgam tolo e aquele que parece tolo aos olhos dos homens. É possível ignorar inteiramente todas as formas que a arte pode assumir em suas diversas manifestações ou os processos de evolução do pensamento, o esplendor de um verso latino, a musicalidade tão cheia de vogais do idioma grego, da escultura toscana ou da canção elisabetana e ainda assim estar cheio da mais doce sabedoria. O verdadeiro tolo, de quem os deuses zombam e a quem tentam destruir, é aquele que não conhece a si próprio. Durante muito tempo eu fui um deles. Você também: deixe de sê-lo. Não tenha medo. O supremo pecado é a superficialidade. Tudo que é realizado é certo. Lembre-se também que por mais que sofra ao ler esta carta, eu sofri muito mais ao escrevê-la. Os Poderes Invisíveis foram generosos com você. Permitiram-lhe ver os aspectos mais estranhos e trágicos da vida como quem vê as sombras refletidas no cristal. Permitiram-lhe como uma imagem vista através do espelho. Você pode caminhar livremente por entre as flores, enquanto eu me vi privado do maravilhoso mundo das cores e do movimento.

Começarei por dizer-lhe que me julgo terrivelmente culpado. Aqui na minha cela escura, envergando este uniforme de prisioneiro, um homem desgraçado e totalmente arruinado, eu me julgo culpado. Nas agitadas noites cheias de angústia, nos longos e monótonos dias cheios de sofrimento, é a mim que eu culpo. Culpo a mim mesmo por ter permitido que uma amizade que nada tinha de intelectual, uma amizade cujo objetivo principal jamais foi a criação ou a contemplação do belo, dominasse inteiramente a minha vida. Desde o início, sempre houve um abismo muito grande a separar-nos. Você fora indolente durante o curso secundário e bem mais do que isso na universidade. Nunca foi capaz de entender que um artista, e especialmente um artista como eu, para quem a qualidade das obras que cria depende de uma intensificação da personalidade, necessita, para que sua arte possa desenvolver-se, de um ambiente onde haja perfeita comunhão de ideias, de uma atmosfera intelectual, de silêncio, paz e solidão. Você só admirava o meu trabalho depois de vê-lo terminado. Apreciava o brilhantismo das noites de estreia e dos banquetes que se seguiam. Sentia-se orgulhoso – o que é muito natural – por ser o amigo mais íntimo de um artista tão famoso. Mas era incapaz de perceber as condições necessárias à criação de uma obra artística. Não estou lançando mão de frases cheias de exagero retórico, mas apenas de palavras que expressam a mais absoluta fidelidade aos fatos, quando afirmo que durante todo o tempo em que estivemos juntos eu não escrevi sequer uma linha. Fosse em Torquay, Goring, Londres, Florença ou qualquer outro lugar, enquanto esteve ao meu lado minha vida foi totalmente estéril e improdutiva. E lamento dizer que, exceto por breves intervalos, você esteve sempre a meu lado.

Lembro-me, por exemplo, de setembro de 1893 – para citar só um caso entre muitos –, quando aluguei alguns aposentos mobiliados com o único propósito de poder trabalhar sem ser perturbado, pois havia quebrado meu contrato com John Harc, a quem prometera escrever uma peça e que me pressionava, insistia para que eu cumprisse o prometido. Durante a primeira semana você se manteve afastado. Tínhamos discutido a propósito da qualidade artística de sua tradução da *Salomé*, o que era aliás bastante compreensível. Seja como for, naquela primeira semana você se limitou a me enviar cartas bastante tolas sobre o assunto. Durante este tempo, eu escrevi e completei com todos os detalhes, tal como seria mais tarde encenado, o primeiro ato de *Um Marido Perfeito*. Mas na segunda semana você voltou e minha obra foi praticamente abandonada. Eu chegava a St. James todas as manhãs às onze e meia para ter uma chance de refletir e escrever sem as interrupções sempre presentes em minha própria casa, embora esta fosse bastante silenciosa e tranquila. Mas a tentativa era inútil: às doze horas você chegava e ficava conversando e fumando até as treze e trinta, quando eu devia levá-lo a almoçar no Café Royal ou no Berkeley. O almoço, sempre regado a vinho, prolongava-se até as quinze e trinta. Durante uma hora você se retirava, indo até o Clube White. Voltava na hora do chá, permanecendo a meu lado até o momento de vestir-se para o jantar. Jantávamos no Savoy ou na Rua Tite e normalmente só nos separávamos depois da meia-noite, pois era preciso que uma ceia no Willis encerrasse mais um dia encantador. Esta foi a minha vida durante aqueles três meses, exceto durante os quatro dias que você passou no continente quando eu, naturalmente, tive que ir buscá-lo em Calais para trazê-lo de volta. Deve convir que, para alguém com a minha natureza e temperamento, a situação era a um tempo ridícula e trágica.

Certamente é capaz de entender tudo isso agora. Deve perceber que a sua incapacidade de ficar sozinho, seu temperamento voluntarioso, sempre a exigir a atenção e o tempo dos outros; sua total impossibilidade de manter qualquer tipo de concentração por períodos mais longos; o infeliz acidente – pois agrada-me pensar que aquilo não fosse mais que um simples acidente – de que ainda não tivesse conseguido adquirir o "temperamento oxfordiano" em assuntos intelectuais, não conseguindo jamais ser alguém que pudesse jogar graciosamente com as ideias mas apenas defendê-las com violência. Todas essas coisas, combinadas ao fato de que o seu interesse concentrava-se não na Arte mas na Vida, eram fatores tão prejudiciais ao seu desenvolvimento cultural quanto ao meu trabalho como artista. Quando comparo minha amizade com você à que mantive com homens ainda mais jovens, como John Gray e Pierre Louys, sinto-me envergonhado. A minha verdadeira vida, a minha vida superior, foi vivida junto a eles e a outros iguais a eles.

Não vou falar agora das terríveis consequências da nossa amizade. No momento, penso apenas no que ela foi enquanto durou. Do ponto de vista intelectual, algo sem dúvida degradante para mim. Você possuía o germe de um temperamento artístico, é certo. Mas a verdade é que eu o conheci demasiado tarde – ou demasiado cedo, não sei.

Quando você estava longe, eu voltava ao normal. Lembro-me que nos primeiros dias de dezembro do ano a que já me referi eu conseguira convencer sua mãe a mandá-lo para fora da Inglaterra e mais uma vez pude recolher a dilacerada teia da minha imaginação e assumir outra vez o controle sobre a minha própria vida, conseguindo não apenas terminar os três últimos atos de *Um Marido Perfeito*, como conceber e quase completar duas outras peças de gêneros totalmente diferentes, a *Tragédia Florentina* e *La Sainte Courtisane*. Mas, subitamente, sem que eu esperasse ou desejasse, e em circunstâncias que provariam ser fatais para a minha felicidade, você voltou. Não consegui retomar as duas obras ainda imperfeitas, nem voltei a recuperar jamais o mesmo estado de espírito que me levara a criá-las. Agora que publicou um volume de poesias, você mesmo será capaz de reconhecer a verdade de tudo o que acabo de dizer aqui. Seja como for, ela permanece como uma terrível verdade no próprio cerne da nossa amizade. Enquanto esteve a meu lado você provocou a ruína absoluta da minha arte, e eu me cubro de culpa e de vergonha por ter permitido que isso acontecesse. Você não podia saber, não podia entender, era incapaz de perceber e eu não tinha nenhum direito de esperar que pudesse fazê-lo. Você só pensava em si mesmo, nos seus divertimentos, nos seus prazeres mais, ou menos, requintados. Era deles que seu temperamento necessitava – ou pensava necessitar – naquele momento. Eu deveria ter proibido sua entrada em minha casa e em meu estúdio salvo quando especialmente convidado, e hoje me culpo sem reservas pela minha fraqueza. Pois era apenas uma fraqueza, já que meia hora em contato com a arte sempre significou muito mais para mim do que um longo período passado a seu lado. Na verdade, nada, em qualquer época da minha vida, teve a menor importância para mim quando comparado à arte. E quando se trata de um artista, toda a fraqueza capaz de embotar o poder de criação é nada mais nada menos do que um crime.

Culpo-me por ter permitido que você me levasse à mais completa e absoluta decadência. Lembro de uma manhã de outubro de 1892, em que eu e sua mãe conversávamos, sentados sob as árvores de folhas amarelecidas do bosque de Bracknell. Naquela época eu ainda conhecia muito pouco da sua verdadeira índole. Tínhamos passado um fim de semana juntos em Oxford e você permanecera dez dias a meu lado em Cromer, jogando golfe durante a maior parte do tempo. Começamos a conversar sobre o seu caráter e sua mãe revelou-me o que julgava ser dois de seus maiores defeitos: a excessiva vaidade e a "falta de habilidade" para assuntos financeiros. Lembro-me bem como eu ri ao ouvi-la. Não tinha então a menor ideia de que o primeiro deles acabaria por levar-me à prisão, e o segundo, à bancarrota. Via a sua vaidade como uma espécie de graciosa flor que todo jovem deveria usar como adorno; quanto à prodigalidade – pois pensei que era a isso que sua mãe estivesse se referindo –, virtudes tais como a prudência e a economia não faziam parte do meu temperamento, nem da minha própria raça. Mas antes que um mês se tivesse passado, comecei a entender o verdadeiro significado das palavras de sua mãe. Sua insistência em levar uma vida desregrada, seus incessantes pedidos de dinheiro, a ideia de que eu deveria pagar por todos os seus prazeres, mesmo quando não tomava parte neles, levaram-me em breve a enfrentar sérias dificuldades econômicas. E o que tornava toda aquela extravagância tão monotonamente desinteressante, pelo menos aos meus olhos, à medida que seu domínio sobre a minha vida se ia fazendo cada vez mais forte, era o fato de que quase todo aquele dinheiro fosse gasto apenas em comidas, bebidas e coisas do gênero. Concordo que uma vez ou outra é um prazer ter a mesa adornada pelo vermelho das rosas e do vinho, mas você conseguia ultrapassar todos os limites do bom gosto e da moderação. Exigia sempre, sem o menor escrúpulo, e recebia sem ao menos uma palavra de agradecimento. Aos poucos, foi levado a pensar que tinha o direito de viver às minhas custas num luxo ao qual jamais fora acostumado e que, por isso mesmo, servia para aguçar ainda mais seus apetites. No final, quando perdia grandes somas em algum cassino da Algéria, limitava-se a enviar-me um telegrama para Londres, na manhã seguinte, avisando que eu deveria depositar a quantia perdida na sua conta bancária – e não voltava a tocar no assunto.

Quando eu lhe disser que entre o outono de 1892 e a data da minha prisão gastei com você e em você mais de cinco mil libras em moeda corrente, além das dívidas que contraí por sua causa, terá uma ideia da vida que insistia em levar. Acha que exagero? Minhas despesas com você num dia comum em Londres – em almoços, jantares, ceias, diversões, cabriolés e o resto – iam de dez a vinte libras, e as despesas semanais, que eram naturalmente proporcionais, chegavam a oitenta ou cento e trinta libras. Durante os três meses que passamos em Goring, gastei mil trezentas e quarenta libras (incluindo, é claro, o aluguel). Vi-me forçado a revisar cada item da minha vida com o síndico da massa falida, e foi horrível. Sei que "vida simples e pensamentos elevados" eram naturalmente um tipo de ideal que você teria sido incapaz de apreciar na época, mas tamanhas extravagâncias acabaram sendo a nossa desgraça. Uma das refeições mais deliciosas de que tenho lembrança aconteceu certa noite em que eu e Robbie jantamos num pequeno café do Soho, e que me custou em *shillings* tanto quanto costumavam custar-me em libras os meus jantares com você. Naquele jantar com Robbie nasceu o primeiro e melhor de todos os meus diálogos. A ideia, o título, o tratamento, o estilo, tudo foi planejado durante um jantar cujo *couvert* custou-me apenas três libras e meia, enquanto que daquelas descuidadas noitadas com você nada restou, além da lembrança de que comíamos e bebíamos em excesso. E o fato de que eu cedesse sempre aos seus caprichos só lhe fazia mal, você sabe disso agora, pois fazia com que você exigisse cada vez mais, quase sempre com muito poucos escrúpulos e sempre sem nenhuma delicadeza. Senti, com demasiada frequência, muito pouca honra ou alegria em ser seu anfitrião. Você costumava esquecer – já não direi a delicadeza formal de um agradecimento, pois tais delicadezas não cabem numa amizade íntima – mas simplesmente as doces virtudes da camaradagem, o encanto de uma conversa agradável, aquele τερπον καλον como os gregos costumavam chamá-lo e todas as gentis qualidades humanas que tornam a vida mais bela e que, tal como a música, servem-lhe de acompanhamento, mantendo a harmonia e enchendo de melodia os lugares mais rudes e silenciosos. E embora talvez pareça estranho que alguém na terrível situação em que me encontro agora possa achar diferenças entre uma e outra desgraça, ainda assim devo admitir francamente que a loucura de ter gasto toda essa quantia com você, e permitido que dilapidasse a minha fortuna com tão grandes prejuízos tanto para você quanto para mim, faz com que a minha bancarrota adquira, aos meus olhos, um ar de mera extravagância e eu me sinta duplamente envergonhado. Fui feito para outras coisas.

Mas, mais do que tudo, culpo-me por ter permitido que você me levasse à mais completa degradação moral. A vontade é a base do caráter e a minha vontade estava totalmente submetida à sua. Sei que o que acabo de afirmar pode soar ridículo aos seus ouvidos, mas nem por isso é menos verdadeiro. Aquelas cenas constantes, que pareciam ter-se tornado para você uma necessidade quase física, durante as quais tanto a sua mente quanto o seu corpo como que se deformavam, fazendo com que você se transformasse em algo tão desagradável aos olhos quanto aos ouvidos; a terrível mania que herdou de seu pai de escrever cartas odiosas e abomináveis; a total falta de controle sobre as próprias emoções demonstrada durante os longos períodos em que mergulhava num silêncio rancoroso e taciturno e nos súbitos ataques de fúria quase epilética; todas essas coisas sobre as quais cheguei a escrever-lhe uma carta (que você acabou esquecendo no Savoy ou em outro hotel qualquer e que pôde assim ser apresentada ao júri pelos advogados de seu pai), carta que continha uma solicitação não de todo desprovida de um certo tom patético – se você naquela época pudesse reconhecer o que havia de patético em seu conteúdo ou na forma de expressá-lo –, essa foi, repito, a origem e a causa da minha fatídica submissão a você e às suas exigências, que se tornavam a cada dia maiores. Você me venceu pelo cansaço. Foi o triunfo de uma natureza menor sobre uma maior, um caso típico de ditadura do mais fraco sobre o mais forte, que eu descrevo em uma de minhas peças como sendo "a única ditadura capaz de manter-se".

Era inevitável que isso acontecesse: em todos os relacionamentos, é sempre preciso encontrar um *moyen de vivre*. No meu caso não havia outra alternativa: ou eu cedia, ou desistia de você. E levado pela profunda, embora imerecida, afeição que lhe dedicava; pela grande piedade que me inspiravam as falhas do seu temperamento; pela minha proverbial boa vontade; pela preguiça que herdei dos meus antepassados celtas; pela aversão que, como artista, sempre senti diante das cenas vulgares e das palavras grosseiras; pela incapacidade de guardar rancor que era, na época, uma das características do meu temperamento; pelo meu desagrado ao perceber como a vida podia transformar-se em algo feio e deselegante por coisas que, para mim que vivia com os olhos fixos em objetivos mais altos, pareciam ser meras tolices, demasiado mesquinhas para que pudessem merecer mais do que um minuto da minha atenção; por todas essas razões, por mais simples que elas possam parecer, eu acabava cedendo sempre. E como consequência natural, suas exigências, seus esforços para dominar-me, suas reivindicações foram se tornando cada vez mais irracionais. Para você, os motivos mais vis, os mais baixos apetites, as paixões mais vulgares tornavam-se leis que deviam reger a vida daqueles que o cercavam e aos quais eles poderiam ser sacrificados, sem o menor escrúpulo, sempre que necessário. Sabendo que, se fizesse uma cena, conseguiria fazer valer a sua vontade, era apenas natural que se lançasse – inconscientemente, acredito – a todos os excessos da mais vulgar violência. Nos últimos tempos, já nem mesmo você sabia a causa de tais cenas, ou qual o objetivo que tinha em mente ao iniciá-las. Tendo se apossado do meu gênio, da minha vontade e da minha fortuna, exigia agora, na cegueira provocada por uma ambição inesgotável, apossar-se da minha vida inteira. E foi o que fez. No momento mais tragicamente crítico de toda a minha vida, um pouco antes que eu concordasse em dar o lamentável passo, iniciando aquela ação absurda, eu tinha, de um lado, o seu pai que me atacava com cartões hediondos entregues no meu clube e, do outro, você, que me atacava também com cartas não menos odiosas. A carta que recebi na manhã do dia em que permiti que você me levasse à Delegacia de Polícia para solicitar a ridícula ordem de prisão contra seu pai foi uma das piores que escreveu – e pela mais vergonhosa das razões. Entre os dois, acabei por perder a cabeça. Minha capacidade de julgar abandonou-me totalmente, substituída pelo terror. E, se me permite a franqueza, direi que, sem saber como escapar a ambos, eu cambaleava às cegas como um boi a caminho do matadouro. Cometera um gigantesco erro psicológico ao pensar que o fato de submeter-me a você nas pequenas coisas não significasse nada, pois quando o grande momento enfim chegasse eu seria capaz de reafirmar a minha vontade graças à minha natural superioridade. Mas não foi isso que aconteceu: quando o grande momento chegou, minha vontade havia me abandonado. Na verdade, na vida não há coisas grandes ou pequenas: todas têm o mesmo valor e o mesmo tamanho. Meu hábito – no início devido principalmente à indiferença – de ceder sempre a você em tudo transformara-se insensivelmente em parte da minha verdadeira natureza, fixando em mim um estado de ânimo permanente e fatal. No sutil epílogo à primeira edição de seus ensaios, Pater diz que "Fracassar é formar hábitos". Quando afirmou isso, os obtusos intelectuais de Oxford pensaram que a frase era simplesmente a deliberada inversão de um texto um tanto maçante da ética aristotélica, mas na verdade ela contém uma verdade terrível e maravilhosa: eu havia permitido que você minasse o meu caráter, e para mim a formação de um hábito acabara por transformar-se não apenas num fracasso mas na própria ruína. A verdade é que, para mim, você fora muito mais destruidor do ponto de vista ético do que artístico.

Depois de ter obtido a ordem de prisão, foi a sua vontade que naturalmente prevaleceu e assim, no momento em que eu deveria estar em Londres, ouvindo os sábios conselhos de um advogado e examinando calmamente a hedionda armadilha em que me deixara prender – armadilha digna de uma criança, como seu pai a chama até hoje –, entre todos os lugares terríveis que existem neste mundo de Deus, você insistiu para que eu o levasse a Montecarlo, onde passou os dias e as noites jogando. Quanto a mim – para quem o bacará não tinha qualquer encanto –, ficava abandonado e entregue aos meus pensamentos. Você se recusava a discutir, mesmo que por apenas cinco minutos, a situação em que você e seu pai me haviam colocado. Minha única função era pagar a conta do hotel e suas perdas no jogo. A menor alusão à provação que me esperava aborrecia-o. Qualquer nova marca de champanha que nos recomendassem tinha mais interesse para você.

Ao voltarmos a Londres, aqueles entre os meus amigos que realmente se preocupavam com o meu bem-estar imploraram para que eu deixasse o país e não enfrentasse um julgamento absurdo. Você atribuiu-lhes os motivos mais torpes para que me tivessem dado tais conselhos e chamou-me de covarde por dar-lhes ouvidos. Obrigou-me a ficar em Londres para enfrentar a situação no banco dos réus e vencê-la, se possível lançando mão de mentiras e falsos testemunhos totalmente absurdos e tolos. Quando tudo acabou, eu fui para a prisão, é claro, e seu pai tornou-se o herói do dia, e mais do que isso até: por estranho que possa parecer, sua família ocupa agora um lugar ao lado dos Imortais e, graças ao toque absurdo que se constitui no elemento gótico da História e faz de Cleo a menos séria entre todas as Musas, seu pai viverá para sempre entre os bondosos e íntegros pais de que nos falam os textos da Escola Dominical, você sentará ao lado do Infante Samuel enquanto que eu, mergulhado na lama mais sórdida de Malebolge, serei colocado entre Gilles de Retz e o Marquês de Sade.

Sei que deveria ter me libertado de você. Deveria tê-lo enxotado da minha vida tal como o homem que sacode de suas vestes qualquer inseto que o tenha picado. Na mais extraordinária de todas as suas peças, Ésquilo nos conta a história de um grande senhor que leva para casa um filhote de leão λεοντοζ ινιν e a ele se afeiçoa porque o animal atende ao seu chamado com os olhos brilhantes e o cobre de carícias sempre que deseja ser alimentado; φαιδρωποζ ποτι χειρα σ αινων τε γαστροζ αναγκαιζ até o dia em que, já adulto, mostra a verdadeira índole da espécie ηθοζτο προζτοκεων, destruindo não apenas o seu senhor, como a sua casa e tudo o que ele possuía. Sinto que agi tal qual esse grande senhor. Mas o meu erro não foi que não tivesse me separado de você, mas que o tivesse feito com demasiada frequência. Tanto quanto posso lembrar-me, eu terminava a nossa amizade a cada três meses, regularmente. E a cada vez que isso acontecia, você conseguia induzir-me a aceitá-lo de volta, lançando mão de súplicas, cartas, telegramas, intercessão dos seus e dos meus amigos e outras medidas semelhantes. Quando, em fins de março de 1893, você deixou a minha casa em Torquay, decidi que jamais voltaria a vê-lo, a falar com você ou a permitir, fossem quais fossem as circunstâncias, que voltasse a estar comigo, tão repugnante fora a cena que havia feito na noite anterior à sua partida. Mas ao chegar a Bristol, você já enviava uma carta e um telegrama, suplicando que eu o perdoasse e fosse ao seu encontro. Seu tutor, Campbell Dodgson, que havia permanecido em minha casa, disse-me então que às vezes chegava a pensar que você não era inteiramente responsável pelas suas palavras e atos e que a maioria – se não todos – dos homens de Magdalen compartilhavam da sua ideia. Consenti em encontrá-lo e, naturalmente, acabei perdoando mais uma vez. Quando voltávamos a Londres, você me pediu que eu o levasse ao Savoy e aquela foi, sem a menor dúvida, uma visita fatídica para mim. Três meses depois, em junho, estávamos em Goring. Alguns amigos seus vieram passar o fim de semana conosco. Na manhã do dia em que partiram, você fez uma cena de tal modo horrível e penosa que eu declarei que deveríamo-nos separar definitivamente. Lembro-me muito bem da nossa conversa no campo de *croquet*, cercados pelo belo gramado verde, quando eu procurei fazê-lo entender que estávamos estragando as nossas vidas, que você arruinava a minha e que era evidente que eu também não o fazia feliz e que, nessas circunstâncias, a atitude mais sábia seria uma separação total e definitiva. Você partiu com um ar sombrio, deixando com o mordomo uma de suas cartas mais ofensivas, que ele deveria entregar-me depois da sua partida. Antes que se passassem três dias, telegrafava-me de Londres suplicando o meu perdão e pedindo para voltar. E eu, que havia alugado a casa só para agradá-lo, que contratara – a seu pedido – seus próprios empregados para servir-nos, que sempre sentira uma pena enorme daquele gênio terrível de quem você era na verdade escravo, eu, que gostava de você, permiti que voltasse e perdoei-o. Três meses depois, em setembro, novas cenas provocadas pelo fato de eu ter apontado os erros dignos de um escolar que você havia cometido ao tentar traduzir *Salomé*. É provável que agora já conheça francês o bastante para saber que aquela tradução era tão indigna de um egresso de Oxford quanto da obra que procurava traduzir. Mas é claro que naquela época ainda não sabia disso e, numa das violentas cartas que me escreveu sobre o assunto, chegou a afirmar que não tinha qualquer tipo de compromisso intelectual comigo: lembro-me que ao ler essa declaração senti que aquela tinha sido a única coisa verdadeira que já me havia escrito durante todo o tempo que durava a nossa amizade. Percebi também que teria sido mais feliz se possuísse um espírito menos cultivado. E não digo isso com rancor, mas por simples companheirismo. Basicamente, o diálogo é o único vínculo capaz de unir duas pessoas, seja no casamento ou na amizade. Mas, para que haja diálogo, é necessário que existam interesses comuns. E entre duas pessoas de nível cultural totalmente diverso, o único interesse comum possível só pode existir ao nível mais baixo. A simplicidade de pensamentos e ações pode ser encantadora. Eu fiz dela a base de uma brilhante filosofia, expressa em peças e paradoxos. Mas a frivolidade e a insensatez da nossa vida tornavam-se muitas vezes cansativas para mim: nós só nos encontrávamos em meio à lama, e embora o único assunto em torno do qual invariavelmente girasse a sua conversa pudesse ser terrivelmente fascinante, ele acabou por tornar-se bastante monótono para mim. Muitas vezes cheguei a sentir um tédio mortal ao ouvi-lo e aceitava-o, assim como aceitava a sua paixão pelo teatro musicado, a mania por extravagâncias absurdas no comer e no beber ou qualquer outra de suas características menos atraentes, como algo que simplesmente tivesse de ser suportado, parte do alto preço que era preciso pagar por tê-lo conhecido. Quando, depois de deixar Goring, passei uma quinzena em Dinard, você ficou extremamente zangado por eu não ter querido levá-lo comigo e antes da minha partida fez algumas cenas bastante desagradáveis no Hotel Albemarle e enviou-me telegramas igualmente desagradáveis para uma casa de campo onde estive hospedado durante alguns dias. Lembro-me de lhe ter dito que julgava que você tinha o dever de ficar um pouco com sua família, pois passara toda a temporada longe deles. Mas na verdade, para ser totalmente franco, eu não desejava tê-lo ao meu lado. Tínhamos passado quase doze semanas juntos e eu necessitava descansar, libertar-me da terrível tensão que a sua companhia me causava, ficar um pouco sozinho – era uma necessidade intelectual. E assim, confesso que vi em sua carta, à qual já me referi, uma ótima oportunidade para encerrar a funesta amizade que havia surgido entre nós e encerrá-la sem amargura, como na verdade já havia tentado fazer naquela bela manhã de julho, em Goring, três meses antes. Entretanto, um de seus amigos, ao qual você recorrera naquele momento difícil, descreveu-me – e devo dizer que o fez com muita franqueza – o quanto você ficaria magoado, talvez até mesmo humilhado, ao ver devolvida a sua tradução como se ela não fosse mais do que a tarefa de um colegial. Afirmou que eu esperava demais de você do ponto de vista intelectual e que, não importa o que escrevesse ou dissesse, a verdade é que você me era inteiramente devotado. Eu não queria ser aquele a impedir ou desencorajar os seus primeiros passos na vida literária. Sabia muito bem que, a menos que tivesse sido feita por um poeta, nenhuma tradução poderia reproduzir adequadamente a cor e a cadência da minha obra. Além disso, essa devoção total que você me dedicava parecia-me então, como ainda hoje, algo maravilhoso demais para que eu pudesse desprezá-lo. E acabei por aceitar a você e à tradução de volta. Foi assim que, exatamente três meses mais tarde, depois de uma série de incidentes que culminaram com uma discussão mais chocante do que as habituais, numa noite de segunda-feira quando você chegou ao meu estúdio acompanhado por dois amigos, eu me vi de repente fugindo, na manhã seguinte, para escapar de você. Inventei uma razão absurda para explicar minha súbita partida à minha família e deixei com meu criado um endereço falso, temendo que você me seguisse no primeiro trem. Viajei para Paris. Lembro-me que naquela tarde, enquanto o trem avançava rapidamente, eu pensava na situação terrível, absurda e totalmente errada em que me encontrava. Eu, um homem conhecido em todo o mundo, via-me obrigado a fugir da Inglaterra para tentar livrar-me de uma amizade que estava destruindo o que de melhor havia em mim, tanto do ponto de vista intelectual quanto moral. E a pessoa da qual eu fugia não era um monstro terrível que tivesse surgido de um esgoto ou do lodo para o mundo em que eu vivia, mas um jovem do meu próprio nível, da mesma classe social, que frequentara a minha escola em Oxford e era presença constante em minha casa. Seguiram-se os costumeiros telegramas, cheios de súplicas e de remorso. Ignorei-os. Finalmente você me fez uma ameaça, afirmando que, se eu não consentisse em encontrá-lo, não viajaria ao Egito, para onde, com seu conhecimento e concordância, eu mesmo suplicara à sua mãe que o enviasse, afastando-o da Inglaterra, pois soubera que você arruinava a sua vida em Londres. Imaginei que se tal coisa acontecesse ela ficaria terrivelmente desapontada e foi por ela que decidi encontrá-lo e, sob a influência de uma grande emoção, da qual até mesmo você não pode ter esquecido, acabei por perdoar o passado, embora não tivesse dito uma só palavra sobre o futuro. Ao voltar a Londres no dia seguinte, lembro de ter ficado só em meu quarto tentando, melancolicamente, e com toda a seriedade, decidir se você seria realmente o que me parecia ser, tão cheio de terríveis defeitos, com tal capacidade para destruir tanto a si próprio como a todos aqueles que o cercavam, um homem cuja amizade – e até mesmo a simples companhia – poderia ter consequências tão funestas. Durante uma semana pensei sobre o assunto e indaguei a mim mesmo se não estaria afinal sendo injusto e equivocado na minha avaliação. Ao fim deste tempo, recebi uma carta de sua mãe em que ela expressava, na íntegra, todos os meus sentimentos a seu respeito. Na carta, sua mãe falava sobre a sua vaidade cega que fazia com que você desprezasse seu próprio lar e tratasse seu irmão mais velho – aquela *candidissima anima* – como "um filisteu"; do seu temperamento violento e do temor que a impedia de falar com você sobre a sua própria vida, a vida que, ela sentia, você estava levando; sobre a sua conduta em assuntos de dinheiro, tão penosa para ela por várias razões, sobre as mudanças e a degeneração que observava em você. Ela era capaz de perceber, naturalmente, que fatores hereditários haviam colocado sobre os seus ombros o peso de uma herança terrível e o admitia francamente, cheia de terror: "Ele é o único dos meus filhos que herdou o temperamento dos Douglas". Ao final, afirmava sentir-se obrigada a dizer que, na sua opinião, a nossa amizade intensificara de tal forma a sua vaidade que esta acabara por se tornar a origem de todos os seus erros e me implorava, angustiada, para que eu não fosse encontrá-lo no continente. Respondi dizendo que concordava inteiramente com cada uma das palavras que acabara de ler. E disse mais, fui tão longe quanto me foi possível ir: disse-lhe que a nossa amizade tinha começado quando você, ainda estudante em Oxford, me procurara suplicando para que eu o ajudasse a resolver um problema de caráter extremamente particular. Afirmei que sua vida fora continuamente perturbada por problemas semelhantes. Que você responsabilizara seu companheiro de viagem pela ida à Bélgica e que, naquela ocasião, ela própria me havia incriminado por tê-lo apresentado a você, mas que agora eu recolocava a culpa sobre os ombros certos: os seus. Ao encerrar, assegurei que não tinha a menor intenção de encontrá-lo no exterior e supliquei que ela tentasse mantê-lo fora da Inglaterra como *attaché* honorário de alguma embaixada, se isso fosse possível, ou sob o pretexto de aprender línguas modernas ou qualquer outro que ela escolhesse, durante pelos menos dois ou três anos, tanto para o seu próprio bem quanto para o meu. Durante todo esse tempo, cada mala de correio que chegava do Egito me trazia uma carta sua. Não tomei conhecimento delas: eu as lia e rasgava, sem respondê-las. Estava decidido a me afastar de você. Tendo tomado essa decisão, passei a dedicar-me com entusiasmo à minha arte, cujo progresso eu havia permitido que você interrompesse. Ao fim de três meses, sua mãe, com aquela lamentável fraqueza de vontade que a caracteriza e que, na tragédia que foi a minha vida, desempenhou um papel não menos funesto que a violência de seu pai, voltou a me escrever – não tive qualquer dúvida que por ordem sua – dizendo-me que você mostrava-se extremamente ansioso por notícias minhas. Para que eu não tivesse qualquer pretexto, mandou-me também seu endereço em Atenas, o qual eu, é claro, já conhecia muito bem. Confesso que fiquei totalmente assombrado diante desta carta. Não conseguia entender como sua mãe fora capaz de tomar qualquer iniciativa para reatar nossa infeliz amizade, depois do que me havia escrito em dezembro e da minha resposta. Acusei o recebimento da carta, naturalmente, e mais uma vez insisti para que ela tentasse arranjar-lhe um posto qualquer em alguma embaixada no exterior, impedindo que voltasse à Inglaterra. Mas não escrevi a você e continuei ignorando os seus telegramas. Finalmente, você chegou ao cúmulo de telegrafar à minha esposa, suplicando que ela usasse toda a sua influência para que eu lhe escrevesse. Nossa amizade a fizera sofrer muito, não apenas porque ela jamais havia gostado de você como pessoa, mas porque percebia como a sua presença constante a meu lado era capaz de me transformar – e não para melhor. Ainda assim, do mesmo modo como sempre fora delicada e hospitaleira com você, também não suportava a ideia de que eu pudesse ser indelicado – pois era essa a impressão que a minha atitude lhe causava – com qualquer dos meus amigos. Julgava – ou melhor, sabia muito bem – que tal atitude era completamente estranha ao meu caráter. A seu pedido, concordei em comunicar-me com você. Lembro-me muito bem das palavras do telegrama que enviei. Nele, eu dizia que o tempo curava todas as feridas, mas que durante muito tempo ainda eu não desejaria vê-lo. Mas sem mais demora você viajou para Paris, enviando-me telegramas apaixonados pelo caminho, nos quais rogava que eu concordasse em recebê-lo ao menos uma vez. Chegando a Paris tarde da noite, num sábado, você recebeu no hotel uma curta mensagem na qual eu reafirmava a minha intenção de não tornar a vê-lo. Na manhã seguinte, recebi um telegrama de dez ou onze páginas, onde dizia que, não importava o que me tivesse feito, não podia acreditar que eu me recusasse terminantemente a recebê-lo. Lembrava-me que, para encontrar-me por uma hora que fosse, havia atravessado a Europa, viajando seis dias e seis noites sem parar uma só vez. Devo admitir que foi um apelo bastante patético, que terminava com o que me pareceu ser uma ameaça mal velada de suicídio. Você mesmo me havia falado muitas vezes nas várias pessoas da sua família que haviam manchado as mãos com o próprio sangue: seu tio certamente o fizera, seu avô, provavelmente, entre outros integrantes daquela perversa e doida linhagem a qual você pertence. Assim, por piedade, pela velha afeição que eu sentia por você, por sua mãe, para quem a sua morte sob tão terríveis circunstâncias teria sido um golpe quase insuportável, pelo meu horror ante a ideia de que uma vida tão jovem que, apesar de todos os seus graves erros, ainda guardava uma promessa de beleza, pudesse acabar de forma tão horrível, por uma questão talvez até de humanidade, todas essas razões – se é que há necessidade delas – devem servir como desculpa para o fato de eu ter concordado em conceder-lhe uma última entrevista. Quando cheguei a Paris, as lágrimas que você não se cansou de derramar durante toda a noite e que corriam pelo seu rosto como gotas de chuva enquanto jantávamos no Voisin e ceávamos mais tarde no Paillard; a sincera alegria que demonstrou ao ver-me, segurando minha mão sempre que podia como uma criança terna e contrita; seu arrependimento tão sincero, tudo isso fez com que eu consentisse em renovar nossa amizade. Dois dias depois da nossa volta a Londres, ao ver-me almoçando no Café Royal, seu pai sentou-se a minha mesa, bebeu do meu vinho e, naquela mesma tarde, em uma carta endereçada a você, lançou o seu primeiro ataque contra mim.

Pode parecer estranho, mas mais uma vez eu me via diante, já não direi da oportunidade, mas do dever de me separar de você – e nada fiz. Creio não ser preciso lembrá-lo de que me refiro à sua conduta para comigo em Brighton, de 10 a 13 de outubro de 1894. Sei que três anos é demasiado tempo para que você possa recordar o que aconteceu. Mas nós, que vivemos na prisão e em cujas vidas não acontece outra coisa a não ser o sofrimento, somos forçados a medir o tempo pelo latejar da dor e a lembrança dos momentos amargos. Não temos mais nada em que pensar. O sofrimento – curioso como talvez lhe possa parecer – é o nosso meio de vida porque é o único meio através do qual temos consciência de existir, a lembrança dos sofrimentos passados nos é necessária como um testemunho, uma prova de que continuamos a manter a nossa identidade. Entre eu e a lembrança da felicidade passada existe um abismo não menos profundo do que aquele que me separa da presença real da felicidade. Se a nossa vida tivesse sido como o mundo a imaginava, uma vida de prazeres, libertinagem e risos, eu hoje certamente não seria capaz de lembrar um só momento dela. Por ter sido tão cheia de dias e momentos trágicos, amargos, sinistros em seus presságios, melancólicos ou desagradáveis pelas suas cenas monótonas e violências indecorosas, é que eu posso reviver cada incidente nos seus mínimos detalhes, e na verdade quase não consigo ver e ouvir outra coisa além deles. De tal modo os homens que aqui habitam vivem através da dor e do sofrimento que a amizade que nos uniu, tal como sou forçado a lembrá-la, aparece aos meus olhos como um prelúdio em que se harmonizam os vários tons de angústia que a cada dia eu devo reviver e até mesmo exigir, como se a minha vida, o que quer que ela tenha parecido ser aos meus próprios olhos e aos dos outros, não tivesse sido mais do que uma sinfonia de dor que se desenvolvesse através de vários movimentos ritmicamente encadeados até atingir sua resolução final, com aquela inevitabilidade que caracteriza na arte o tratamento de todos os grandes temas.

Já falei sobre a sua conduta durante três dias, há três anos, não? Eu estava só, em Worthing, tentando terminar minha última peça. Você já me havia feito duas visitas e de repente apareceu pela terceira vez trazendo um companheiro e propondo que eu o hospedasse em minha casa. Recusei-me terminantemente a fazê-lo – e você deve admitir que eu estava certo – mas recebi a ambos, é claro, embora não em minha casa. No dia seguinte, uma segunda-feira, seu amigo retornou aos deveres da sua profissão mas você ficou. Entediado com Worthing e, mais ainda, não tenho a menor dúvida, com meus infrutíferos esforços para concentrar minha atenção na peça, a única coisa que realmente me interessava no momento, você insistiu em ser levado para o Grande Hotel de Brighton. Na noite em que chegamos você caiu doente, o seu segundo ou terceiro ataque daquela terrível febre tão tolamente chamada de influenza. Não preciso lembrá-lo de como eu o cumulei de atenções, proporcionando-lhe todos os luxos que o dinheiro pode comprar, como frutas, flores, presentes, livros e mais afeição, ternura e amor, coisas que – pense você o que pensar – não podem ser obtidas com dinheiro. Exceto por um passeio a pé pela manhã e uma volta de carro à tarde, eu não saí nunca do hotel. Mandei vir uvas de Londres, pois você não gostava daquelas que o hotel oferecia, inventei coisas para agradá-lo, permaneci a seu lado ou no quarto contíguo, sentava junto ao seu leito todas as noites para acalmá-lo ou diverti-lo. Depois de quatro ou cinco dias você se recuperou e eu aluguei aposentos mobiliados para poder acabar a minha peça. Você, naturalmente, instalou-se comigo. Na manhã seguinte à nossa mudança, senti-me extremamente mal. Você teve que ir para Londres a negócios, mas prometeu voltar naquela mesma tarde. Em Londres encontrou um amigo e só voltou a Brighton bem tarde no dia seguinte, quando eu já estava com uma febre terrível e o médico descobrira que havia pegado a influenza de você. Nada poderia ser menos confortável do que a casa que eu acabara de alugar; meu quarto ficava no terceiro andar, a sala no primeiro. Não havia nenhum criado para me atender, nem sequer alguém que eu pudesse mandar à rua com um recado ou para comprar os remédios que o médico prescrevera. Mas tendo você a meu lado, isso não chegava a me causar qualquer preocupação. Durante os dois dias que se seguiram, você me deixou inteiramente sozinho, sem cuidados, sem qualquer tipo de atendimento, sem nada.

Não se tratava apenas da falta de uvas, flores, presentes encantadores, mas das necessidades mais elementares. Eu não podia sequer beber o leite que o médico recomendara; limonada foi considerada algo impossível de obter; e quando suplicava que me trouxesse um livro e, caso não conseguisse encontrar o volume que desejava, escolhesse qualquer outro, você nem se dava ao incômodo de ir até lá. E quando, por causa disso, eu ficava sem ter nada para ler, você me assegurava, com a maior calma, que comprara o livro e que a livraria prometera entregá-lo, uma afirmativa que mais tarde descobri, inteiramente por acaso, ser totalmente mentirosa. Durante todo esse tempo você continuou, é claro, vivendo às minhas custas, indo a toda parte, jantando no Grande Hotel e só aparecendo no meu quarto para pedir mais dinheiro. Na noite de sábado, como tivesse me deixado completamente abandonado e sem qualquer atendimento desde a manhã, pedi que voltasse depois do jantar para ficar um pouco a meu lado. Com um tom de voz irritado e demonstrando contrariedade você prometeu vir. Esperei em vão até as onze. Deixei um bilhete em seu quarto, apenas para lembrá-lo da promessa que me havia feito e de como a havia cumprido. Às três da manhã, sem poder dormir e torturado pela sede, enfrentei a escuridão e o frio descendo até a sala, na esperança de lá encontrar alguma coisa para beber. Mas foi a você que encontrei e que logo me atacou com todas as mais horríveis palavras que um temperamento descontrolado e indisciplinado e um humor totalmente alterado podem sugerir. Graças à terrível alquimia da vaidade, você transformou o remorso em raiva. Acusou-me de egoísmo por pretender que ficasse a meu lado enquanto estivesse doente, de me colocar entre você e seus divertimentos, de tentar privá-lo dos seus prazeres. Disse-me, e sem dúvida falava a verdade, que tinha voltado à meia-noite apenas para mudar de roupa e tornar a sair, em busca de um lugar onde encontrasse novos prazeres à sua espera, mas que ao deixar-lhe uma carta em que o lembrava de que me havia abandonado durante todo o dia e toda a noite, eu o tinha privado da disposição para desfrutar dessas delícias e na verdade tinha eliminado até mesmo sua capacidade para gozá-las. Voltei para os meus aposentos enojado e não pude conciliar o sono até o amanhecer, quando consegui finalmente beber alguma coisa para aplacar a sede que a febre me provocava. Às onze horas da manhã você veio até o meu quarto. Durante a cena da véspera, eu não pude deixar de observar-lhe que a minha carta tinha conseguido, ao menos, impedi-lo de continuar uma noitada de excessos ainda maiores que os habituais. Naquela manhã você parecia ter voltado ao normal. Naturalmente fiquei na expectativa, esperando ouvir quais seriam as suas desculpas e que palavras usaria para pedir o perdão que, no seu íntimo, você sabia estar sempre à sua espera, não importando o que tivesse feito, sendo na verdade aquela sua confiança absoluta no meu perdão o traço que eu mais apreciava em você, talvez a sua maior qualidade. Mas, em vez disso, começou a repetir a mesma cena da noite anterior, com renovada ênfase e redobrada violência. A certa altura, pedi-lhe que saísse do meu quarto: fingiu obedecer-me, mas quando ergui a cabeça do travesseiro onde a havia enterrado você continuava lá e, subitamente, com um riso satânico e uma fúria histérica, avançou em minha direção. Nem eu mesmo sei por que razão, mas fui tomado de uma sensação de terror e, atirando-me da cama com os pés descalços, tal como estava, desci os dois lances da escada até a sala e lá permaneci até que o senhorio – a quem havia chamado tocando a campainha – me assegurou que você já tinha abandonado os meus aposentos, ao mesmo tempo em que prometia permanecer ao alcance da minha voz, caso eu necessitasse dele. Decorrida uma hora durante a qual o médico veio visitar-me, encontrando-me – é claro – num estado de absoluta prostração e com uma febre mais alta do que no início da doença, você voltou silenciosamente à procura de dinheiro. Apanhando tudo o que pôde encontrar sobre a mesa de cabeceira e o aparador da lareira, deixou a casa rapidamente, levando toda a sua bagagem. Será preciso que eu lhe diga tudo que pensei a seu respeito durante os dois miseráveis e solitários dias de doença que se seguiram? Será necessário dizer como pude perceber claramente que seria uma desonra para mim se continuasse a manter uma amizade mesmo superficial com uma pessoa como a que você revelara ser? Como pude ver que o fim havia chegado e a sensação de alívio que isso me provocou? Como fui capaz de entender, então, que no futuro tanto a minha vida quanto a minha arte seriam mais livres, melhores e mais belas, sob todos os aspectos? Embora bastante enfermo, senti uma grande paz. O fato de que a separação fosse definitiva tranquilizava-me. Na terça-feira já não tive mais febre e pela primeira vez pude jantar na sala. Era dia do meu aniversário e entre os telegramas e recados que encontrei sobre a mesa havia uma carta com a sua letra. Abri-a com uma sensação de tristeza. Sabia já haver passado o tempo em que uma expressão de afeto, uma palavra de arrependimento teriam feito com que eu o aceitasse de volta. Mas estava totalmente enganado. Eu o havia subestimado. A carta que me enviou no dia do meu aniversário era uma versão cuidadosamente elaborada das duas cenas anteriores, reproduzidas habilidosamente em preto e branco! Você zombava de mim com gracejos vulgares. Sua grande satisfação em toda aquela história, dizia, fora a de ter almoçado no Grande Hotel e mandado colocar o almoço na minha conta antes de partir para a cidade. Cumprimentava-me pela prudência que eu demonstrara ao deixar meu leito de enfermo e pela minha repentina fuga escada abaixo: “Aquele foi um momento de perigo para você, um perigo bem maior do que você possa imaginar”. Ah, mas eu podia imaginá-lo até bem demais! Não entendia exatamente o significado das suas palavras: não sabia se naquela noite você trazia a pistola que havia comprado para amedrontar seu pai e que, certa vez, julgando estar descarregada, tinha detonado num restaurante quando jantava em minha companhia; ou se sua mão esboçara um gesto em direção à faca que por acaso se achava sobre a mesa entre nós dois; se, na sua fúria, esquecendo a baixa estatura e a pouca força física, havia pensado em lançar-me um insulto particularmente ofensivo, talvez até mesmo uma agressão física, enquanto eu jazia inerte sobre a cama. Não saberia dizê-lo. Ainda hoje não sei realmente o que aconteceu. Só sei que fui tomado por um sentimento de intenso terror e senti que se não saísse imediatamente do quarto e fugisse, você teria feito – ou pelo menos tentado fazer – alguma coisa que teria sido motivo de vergonha para o resto da sua vida, até mesmo para você. Só uma vez havia experimentado tal sentimento de horror diante de outro ser humano: aconteceu num dia em que me encontrava na minha biblioteca da rua Tite quando seu pai entrou, agitando as mãozinhas no ar, num ataque de fúria epilética e, tendo seu guarda-costas ou um amigo a separar-nos, proferiu todas as palavras mais imundas que a sua mente imunda poderia imaginar e gritou as repugnantes ameaças que iria mais tarde cumprir com tanta astúcia. Neste caso, foi ele quem teve que abandonar o recinto: eu o expulsei. No seu caso, eu saí. Não foi esta a primeira vez em que me vi forçado a salvá-lo de si mesmo.

Você concluía sua carta dizendo: "Quando desce do seu pedestal, você não é nada interessante. Da próxima vez em que adoecer, eu irei embora imediatamente". Ah, que caráter grosseiro esta frase revela! Que total falta de imaginação! Quão insensível e vulgar se havia tornado o seu temperamento! "Quando desce do seu pedestal, você não é nada interessante. Da próxima vez em que adoecer, eu irei embora imediatamente." Quantas vezes essas palavras me voltaram à lembrança na ignóbil cela solitária das várias prisões pelas quais passei! Repeti aquelas palavras para mim mesmo vezes sem conta e julguei ver nelas – injustamente, espero – parte do segredo do seu estranho silêncio. Que você me escrevesse aquilo, quando a própria doença e a febre que me afligiam eram consequência dos cuidados que eu lhe havia dedicado era, naturalmente, algo revoltante por sua baixeza e grosseria; mas teria sido um pecado sem perdão para qualquer ser humano que vivesse neste imenso mundo escrevê-las se na verdade houvesse algum pecado sem perdão.

Confesso que ao acabar de ler sua carta eu me sentia quase poluído, como se pelo fato de ter me associado a um ser dotado de tal índole eu me tivesse conspurcado e enchido a minha vida de uma vergonha irreparável. E na verdade era exatamente o que havia feito, mas não chegaria a percebê-lo claramente senão seis meses mais tarde. Decidi comigo mesmo que voltaria a Londres na sexta-feira e procuraria Sir George Lewis reservadamente, pedindo-lhe que escrevesse a seu pai para comunicar-lhe que eu havia determinado não voltar jamais a permitir, sob qualquer circunstância, que você entrasse em minha casa, sentasse à minha mesa, falasse comigo, ou em qualquer tempo ou lugar voltasse a ser visto em minha companhia. Feito isso, eu lhe teria escrito, apenas para informá-lo da minha decisão, pois você mesmo teria sido capaz de entender as razões que a haviam determinado. Tinha tomado todas as providências na quinta-feira à noite quando, ao sentar-me à mesa para o desjejum na sexta de manhã, abri por acaso o jornal e li um telegrama que noticiava que seu irmão mais velho, o verdadeiro chefe da família, o herdeiro do título, o sustentáculo da casa, fora encontrado morto, caído no fundo de um valo, tendo a seu lado um revólver com todas as balas detonadas. O horror das circunstâncias em que ocorrera a tragédia – que agora sabemos ter sido um acidente –, o patético de morte súbita de um ser tão amado por todos aqueles que o conheciam e quase às vésperas do casamento; minha ideia da dor que você estaria – ou deveria estar – sentindo naquele momento; minha percepção do sofrimento de sua mãe diante da perda daquele a quem ela se agarrava em busca de conforto e alegria. Um filho que – ela própria me havia contado – desde o dia do nascimento jamais a fizera derramar uma única lágrima; a noção do isolamento em que você deveria se encontrar, já que seus dois irmãos estavam longe da Europa, sendo você, consequentemente, o único a quem sua mãe e sua irmã poderiam recorrer não apenas em busca de um companheiro com quem pudessem compartilhar a dor que sentiam, mas também de alguém capaz de tomar todas aquelas medonhas providências e responsabilidades que a morte sempre traz consigo; a simples ideia das *lacrimae rerum*, das lágrimas de que o mundo é feito e da tristeza das coisas humanas – do afluxo de todos esses pensamentos e emoções que enchiam meu cérebro, surgiu uma infinita piedade por você e pela sua família. Esqueci o sofrimento e a amargura que me haviam causado. O que você havia sido para mim durante a minha enfermidade, eu não poderia ser para você no seu momento de dor. Telegrafei imediatamente, expressando minha profunda solidariedade, e na carta que se seguiu convidei-o a vir até a minha casa tão logo fosse possível. Senti que abandoná-lo naquele momento, e formalmente, através de um advogado, teria sido demasiado cruel.

Ao voltar para a cidade, depois de ter sido chamado ao local da tragédia, você me procurou imediatamente, vestindo ainda seus trajes de luto, os olhos marejados de lágrimas, todo doçura, em busca de consolo e ajuda. Abri-lhe as portas do meu lar e do meu coração. Fiz da sua a minha dor para que você pudesse suportá-la. Nunca, nem mesmo por uma simples palavra, aludi à sua conduta para comigo, às cenas violentas e às cartas revoltantes. Sua dor, tão verdadeira, parecia aproximá-lo mais de mim. As flores que você tirou de mim para colocar sobre o túmulo de seu irmão deveriam ser um símbolo não apenas da beleza que enchera a sua vida mas da beleza que permanece oculta em todas as vidas e que pode ser trazida à luz.

Os deuses são estranhos: não é apenas dos nossos erros que eles se utilizam como instrumentos para atormentar-nos, mas levam-nos à ruína através daquilo que temos de bom, gentil, compassivo e terno. Não fosse a piedade e afeição que senti por você e os seus, não estaria agora chorando neste lugar horrível.

É claro que em tudo o que houve entre nós não vejo apenas a mão do destino, mas a da fatalidade, essa fatalidade que sempre caminha a passos ligeiros em busca dos lugares onde o sangue está sendo derramado. Através do seu pai, você pertence a uma raça com a qual todo o casamento é horrível, toda amizade é fatal, uma raça que usa as próprias mãos para investir com violência contra a própria vida e a vida alheia. Em cada pequena circunstância em que nossos caminhos se cruzaram, a cada vez que, levado por motivos sérios ou aparentemente triviais, você me procurou em busca de auxílio ou de prazer, nos pequenos acasos, nos acidentes banais que em relação à vida parecem não ser mais do que os grãos de poeira que bailam num feixe de luz ou da folha que cai da árvore, seguiu-se sempre a ruína, como o eco de um grito de amargura ou a sombra que segue a fera em suas caçadas. Nossa amizade começou realmente quando você me suplicou, numa carta escrita em tom patético mas encantador, que eu o ajudasse numa situação que teria sido horrível para qualquer um, mas que era duplamente horrível para um jovem estudante de Oxford. Concordei em fazê-lo e, como consequência de você ter usado meu nome junto a Sir George Lewis, afirmando ser meu amigo, comecei a perder sua estima e amizade, uma amizade que já durava quinze anos. E ao me ver privado da ajuda e dos conselhos deste homem, me vi privado da segurança que havia em minha vida.

Você enviou-me um poema bastante bonito, embora pertencendo à escola dos iniciantes na poesia, para submetê-lo à minha aprovação. Respondi com uma carta repleta dos mais fantásticos conceitos literários, na qual eu o comparo a Hylas, Jacinto, Jonquilho ou Narciso ou qualquer um daqueles a quem o deus da poesia favorecesse e honrasse com seu amor. A carta era como uma passagem de um dos sonetos de Shakespeare transposta para um tom menor e só podia ser entendida por aqueles que leram o *Simpósio de Platão* ou conseguiram captar o espírito de um certo clima grave que aprendemos a admirar nos mármores gregos. Era, deixe-me dizer-lhe francamente, o tipo da carta que eu teria mandado num momento de alegria, embora um tanto voluntarioso, a qualquer jovem gracioso de qualquer Universidade que me tivesse enviado um poema de sua própria lavra, certo de que ele teria suficiente inteligência ou cultura para interpretar corretamente as minhas frases fantásticas. Mas olhe a história dessa carta! Ela sai das suas mãos para as mãos de um de seus odiosos companheiros; dali, para as de um bando de chantagistas. Logo cópias começam a circular por toda Londres, sendo enviadas aos meus amigos e ao administrador do teatro onde está sendo encenada uma das minhas peças. Recebe as mais variadas interpretações, salvo a única verdadeira. A sociedade vibra com os absurdos rumores de que eu teria sido obrigado a pagar uma enorme soma por ter-lhe escrito uma carta infamante e ela acaba servindo de base a um dos piores ataques que seu pai lança contra mim. Apresento o original à Corte, para mostrar sua verdadeira natureza. Os advogados de seu pai consideram-na uma revoltante e insidiosa tentativa de corrupção da inocência. Ela passa a ser uma das provas da acusação. A Corte a aceita como tal e o juiz, ao fazer o sumário das provas e argumentos apresentados, discorre sobre a carta demonstrando ter muito pouca cultura e demasiado moralismo. Finalmente, sou enviado à prisão por tê-la escrito. Eis o resultado de lhe ter enviado uma carta encantadora!

Enquanto estou hospedado com você em Salisbury, você fica terrivelmente assustado ao receber um recado ameaçador enviado por um antigo companheiro e me suplica que, para ajudá-lo, eu veja o autor da mensagem. O resultado é a minha ruína: sou forçado a assumir todos os seus atos e a responder por eles. Quando se vê obrigado a deixar Oxford sem ter conseguido obter seu diploma, manda um telegrama para Londres suplicando-me que vá ao seu encontro. Parto imediatamente: você me pede que eu o leve a Goring, pois, naquelas circunstâncias, não desejava de modo algum voltar para casa. Em Goring vê uma casa que o encanta: eu a alugo, para agradá-lo. O resultado, sob qualquer ponto de vista, é a minha ruína. Certo dia você me procura para pedir-me, como um favor pessoal, que eu escreva qualquer coisa para uma revista de estudantes de Oxford que seria lançada por um certo amigo seu, do qual eu jamais ouvira falar e sobre o qual nada sabia. Para agradá-lo – e o que não faria eu para agradá-lo? – mandei-lhe uma página de paradoxos que se destinava originalmente ao *Saturday Review*. Alguns meses mais tarde vejo-me sentado no banco dos réus do Old Bailey devido ao caráter da tal revista. Ela passa a ser uma das peças de acusação da Coroa contra mim. Sou solicitado a defender a qualidade da prosa do seu amigo e os seus próprios versos. A primeira, não consigo atenuar quanto aos seus versos, eu, leal até o amargo fim tanto ao seu estilo juvenil quanto à sua própria juventude, defendo-os vigorosamente e não admito vê-lo tachado de autor pornográfico. Mas acabo indo para a prisão, tanto pela revista do seu amigo quanto pelo "Amor que não ousa dizer seu nome". No Natal, dei-lhe o que você considerou ser "um presente bem bonitinho", na carta de agradecimento que me escreveu. Era algo que, eu sabia, você há muito desejava ter e que valia no máximo de quarenta a cinquenta libras. Quando sobrevém a ruína total da minha vida, o bailio que confisca a minha biblioteca para vendê-la o faz para pagar aquele "presente bonitinho". Foi por ele que a minha casa acabou indo a leilão. Naquele derradeiro e terrível momento, quando sou pressionado e acabo concordando em apresentar queixa contra seu pai, exigindo que o mandem para a prisão, a última tábua em que me agarro no meu abjeto esforço para escapar é o enorme gasto que tal ação acarretaria. Diante de você, digo ao advogado que não tenho recursos, que não poderia arcar com os espantosos custos de tal ação, que não dispunha de fundos para tal. O que afirmei então era verdade e você sabe disso. Se naquela sexta-feira funesta eu tivesse conseguido deixar o Hotel Avondale em vez de permanecer no escritório de Humphrey assistindo passivamente à minha própria ruína, eu poderia agora estar livre e feliz na França, longe de você e de seu pai, ignorando tanto os odiosos cartões que ele me enviou quanto as suas cartas igualmente odiosas. Mas o pessoal do hotel recusou-se terminantemente a permitir que eu partisse. Tínhamos ficado lá durante dez dias, você chegara mesmo a trazer um amigo para se hospedar conosco, para minha grande – e deve admiti-lo – justificada indignação. Minha conta naqueles dez dias chegara a quase cento e quarenta libras. O proprietário declarou que não poderia permitir que eu retirasse a minha bagagem até que essa conta tivesse sido paga. Foi isso que me reteve em Londres. Se não fosse pela conta do hotel, eu teria partido para Paris na manhã de quinta-feira.

Quando disse ao advogado que não tinha meios para enfrentar as enormes despesas, você imediatamente interrompeu afirmando que sua família ficaria simplesmente encantada em pagar todos os gastos necessários; que seu pai sempre fora um pesadelo para todos vocês; que muitas vezes haviam discutido a possibilidade de interná-lo em um asilo de loucos para mantê-lo afastado; que ele era uma fonte de aborrecimentos e aflição para sua mãe e para todos vocês; que se eu consentisse apenas em ser o instrumento que permitiria a sua internação, a família passaria a ver em mim um benfeitor; que os próprios parentes ricos de sua mãe considerariam uma grande alegria se lhes fosse permitido pagar todas as despesas e custos de tal ação. Diante de tais argumentos, o advogado aceita imediatamente a causa e eu sou levado a toda pressa para a delegacia. Não tinha mais nenhuma desculpa para não ir até lá. Fui forçado a fazê-lo. Naturalmente, sua família não pagou as custas e, quando foi declarada a minha falência, foi o seu pai o solicitante. Tudo para que eu pagasse as custas do processo, a miserável soma de setecentas libras. No momento, minha esposa – de quem estou separado – discute comigo sobre a importante questão de saber se eu devo dispor de três libras ou três libras e dez shillings para os meus gastos semanais e prepara uma ação de divórcio para a qual, naturalmente, seriam necessárias novas provas, um novo julgamento seguido talvez de medidas legais ainda mais sérias. Eu, é claro, desconheço os detalhes. Conheço apenas o nome da testemunha de cujo depoimento dependem os advogados de minha mulher. É aquele criado que você tinha em Oxford, o mesmo que, a seu pedido, eu contratei para o nosso verão em Goring.

Mas, na verdade, não é preciso que eu me estenda mais, relatando outros exemplos da estranha maldição que você parece ter lançado sobre a minha vida, tanto nas grandes quanto nas pequenas coisas. Tenho às vezes a impressão de que você é apenas um fantoche guiado por mão secreta e invisível para desencadear os terríveis acontecimentos que culminaram neste trágico desfecho. Mas os próprios fantoches têm sentimentos: eles podem introduzir novos elementos nas histórias que apresentam e deturpar o desfecho previamente determinado para satisfazer seus próprios caprichos ou vontades. O eterno paradoxo da alma humana, de que nos apercebemos a cada momento, é que ela possa ser a um só tempo inteiramente livre e inteiramente dominada pelas leis; e penso muitas vezes ser esta a única coisa capaz de explicar o seu temperamento se na verdade existe alguma explicação possível para os terríveis e profundos mistérios da alma humana, exceto aquela que torna esse mistério ainda mais incrível.

É claro que você tinha suas ilusões, na verdade vivia imerso nelas e via a realidade através de uma névoa cambiante e de véus coloridos. Lembro muito bem que pensava que o fato de dedicar-se inteiramente a mim, esquecendo sua própria família e o convívio familiar, era uma prova maravilhosa da admiração e do afeto que me dedicava. E não há dúvida de que parecia ser assim. Mas lembre-se que eu representava o luxo, os prazeres sem limites, o dinheiro sem restrições. Sua vida familiar o aborrecia. Para citar uma de suas frases, você "não apreciava o vinho frio e barato de Salisbury". A meu favor eu tinha, além das minhas qualidades intelectuais, todos os prazeres sensuais do Egito. E quando não conseguia me encontrar, os companheiros que escolhia para substituir-me não eram nem um pouco lisonjeiros.

Pensou também que, ao enviar a seu pai uma carta escrita por seu advogado, na qual comunicava que, a desistir da nossa amizade, preferia abrir mão das duzentas e cinquenta libras anuais que recebia dele – das quais, suponho, era deduzida uma certa quantia para saldar as dívidas que contraíra em Oxford –, estava encarnando o próprio espírito magnânimo da amizade, atingindo o ponto mais alto do desprendimento. Mas o fato de que se mostrasse disposto a renunciar à sua pequena pensão não significava que estivesse pronto a desistir também de um só dos seus luxos mais supérfluos ou da mais desnecessária das extravagâncias. Ao contrário, seu apetite por uma vida de fausto nunca foi tão aguçado: durante os oito dias em que eu, você e o seu criado italiano passamos em Paris, minhas despesas chegaram a quase cento e cinquenta libras, das quais oitenta e cinco gastas apenas no Paillard. Com o nível de vida que desejava manter, o total de seus rendimentos anuais mal teria sido suficiente para cobrir seus gastos durante três semanas, mesmo que fizesse todas as refeições sozinho e fosse particularmente cuidadoso na sua busca de prazeres, escolhendo sempre os menos dispendiosos. Porém, o fato de que tivesse perdido a sua pensão, num gesto que não passou afinal de uma fanfarronice, deu-lhe uma desculpa plausível – ou pelo menos o que pensou ser uma desculpa plausível – para viver às minhas custas, e você se aproveitou dela ao máximo. O fardo que isso representava, para mim especialmente, é claro, mas também, eu sei, para sua mãe, nunca foi tão penoso, porquanto – pelo menos no meu caso – totalmente desacompanhado da menor palavra de agradecimento ou senso de limite.

Pensou também que, ao atacar seu próprio pai com cartas terríveis, telegramas ofensivos e cartões postais cheios de insultos, estaria lutando as batalhas de sua mãe, defendendo-a como um paladino e vingando os sofrimentos e erros sem dúvida terríveis do seu casamento. Foi uma grande ilusão de sua parte, na verdade uma de suas piores ilusões. A maneira pela qual poderia ter vingado os sofrimentos de sua mãe, se na verdade considera ser a vingança um dever filial, teria sido tornar-se para ela um filho melhor do que fora até então, fazendo com que ela não tivesse medo de falar com você sobre assuntos sérios; não assinando contas cujo pagamento recairia sobre os ombros dela; sendo mais gentil e não enchendo seus dias de mágoas e sofrimentos. Durante seus breves anos de vida, que se assemelharam à vida de uma flor, seu irmão Francis tentou, com bondade e doçura, compensá-la por tudo que ela havia sofrido. Deveria tê-lo tomado como modelo. Errou até mesmo ao imaginar que ela ficaria absolutamente deliciada e feliz se você tivesse conseguido mandar seu pai para a prisão por meu intermédio. Tenho a certeza de que estava errado. E se você quiser saber o que uma mulher realmente sente ao ver seu marido e o pai de seus filhos metido num uniforme de presidiário, dentro de uma cela, escreva à minha mulher e ela lhe dirá. Eu também tive as minhas ilusões. Pensei que a vida seria uma comédia brilhante e que você seria um dos seus amáveis protagonistas. Descobri que não passava de uma chocante e desagradável tragédia e que a sinistra causa da grande catástrofe, sinistra pela concentração de seus desígnios e pela intensidade da limitada força de vontade, era você mesmo, despojado daquela máscara de alegria e prazer que nos havia enganado a ambos e graças à qual nos havíamos desviado do caminho.

Agora pode entender – não pode? – um pouco do meu sofrimento. Um jornal qualquer, creio que o *Pall Mall Gazette*, ao descrever o ensaio geral de uma das minhas peças falou em você como de alguém que me seguia como uma sombra. A lembrança da nossa amizade é a sombra que me segue aqui, que parece não me abandonar nunca, que me acorda no meio da noite para contar sempre a mesma história, até que a monótona repetição faz com que o sono me abandone até a madrugada, quando tudo recomeça; que me segue até o pátio da prisão e me faz falar sozinho enquanto ando em círculos. Sou forçado a reviver cada detalhe que acompanhou cada terrível momento. Não há nada que tenha acontecido durante aqueles malfadados anos que eu não seja capaz de recriar naquela câmara do meu cérebro reservada para a dor e o desespero. Cada inflexão de sua voz, cada gesto de suas mãos nervosas, cada palavra amarga, cada frase envenenada me volta à memória. Lembro a rua ou o rio por onde passamos, o muro ou o bosque que nos cercava, a posição dos ponteiros do relógio, de que lado sopravam as asas do vento, a forma e a cor da lua.

Sei que há uma resposta para tudo aquilo que eu lhe disse e essa resposta é que você me amava: que durante aqueles dois anos e meio em que a sorte tecia um pano escarlate, unindo os fios de nossas vidas divididas, você realmente me amava. Sim, sei que me amava. Não importa qual tenha sido a sua conduta para comigo, sempre senti que, no fundo do seu coração, você me amava. Embora percebendo claramente que a posição que eu ocupava no mundo da arte, o interesse que a minha personalidade sempre despertou, meu dinheiro, o luxo em que vivia, as mil e uma coisas que contribuíam para tornar a minha vida tão encantadora e maravilhosamente inverossímil, eram, foram, cada uma e todas elas, elementos que o fascinaram e o fizeram apegar-se a mim. E, no entanto, além de tudo isso, havia qualquer coisa mais, qualquer coisa que exerceu uma estranha atração sobre você: você me amava muito mais do que a qualquer outra pessoa. Mas, tal como eu, também teve uma terrível tragédia em sua vida, embora inteiramente diferente da minha. Quer saber qual era? Ei-la: em você, o ódio sempre foi mais forte do que o amor. O ódio que sentia por seu pai era tão grande que conseguia ofuscar, sobrepujar e aniquilar inteiramente o amor que sentia por mim. Não havia qualquer conflito entre esses dois sentimentos, ou quase nenhum, tais eram as dimensões e a intensidade do seu ódio. Não percebia que a mesma alma não pode abrigar duas paixões tão diferentes: elas não podem habitar ao mesmo tempo aquela bela casa. O amor é alimentado pela imaginação, através da qual nos tornamos mais sábios do que sabemos, melhores do que nos sentimos, mais nobres do que somos, capazes de ver a vida como um todo; através da qual, e só através dela, chegamos a entender os outros tanto em sua relação real quanto ideal. Só o que é superior e superiormente concebido pode alimentar o amor, mas qualquer coisa alimentará o ódio. Não houve uma só taça de champanhe que você tivesse bebido, uma só das finas iguarias que tivesse provado durante todos aqueles anos que não tivesse servido para alimentar e engordar seu ódio. E, para gratificá-lo, você jogou com a minha vida tal como jogou com o meu dinheiro: descuidadamente, estouvadamente, indiferente às consequências. Imaginava que, se perdesse, os prejuízos não seriam seus. E, se ganhasse, sabia que as vantagens e as alegrias da vitória lhe pertenceriam.

O ódio cega. Você não percebia isso. O amor é capaz de ler o que está escrito na mais remota estrela, mas o ódio deixou-o tão cego que você já não conseguia ver nada além do estreito, fechado e estiolado jardim dos seus desejos mais vulgares. Sua terrível falta de imaginação, único defeito realmente fatal do seu caráter, era causada exclusivamente pelo ódio que trazia dentro de si. Sutil, silenciosa e secretamente esse ódio ia aos poucos roendo a sua essência, tal como o líquen vai corroendo a raiz do salgueiro, até que você não conseguia distinguir nada além dos mais mesquinhos interesses e dos objetivos mais medíocres. O ódio envenenou e paralisou aqueles dons que você possuía e que o amor teria nutrido. Quando seu pai começou a lançar seus primeiros ataques contra mim, foi como seu amigo particular e numa carta particular enviada a você. Assim que acabei de ler aquela carta repleta de ameaças obscenas e violências grosseiras, percebi imediatamente o terrível perigo que acabava de surgir no horizonte dos meus atribulados dias. Eu lhe disse então que não estava disposto a servir de instrumento na antiga guerra de ódio que existia entre vocês; que, naturalmente, eu em Londres era uma presa muito mais atraente para seu pai do que um Secretário para Assuntos Estrangeiros em Homberg; que seria injusto colocar-me, mesmo que por um instante, em tal situação e que eu tinha coisas melhores a fazer da minha vida do que brigar com um homem bêbado, *déclassé* e meio louco como seu pai. Mas você não queria entender, o ódio o tornara cego. Insistia em afirmar que a briga não tinha realmente nada a ver comigo; que não permitiria que seu pai mandasse nas suas amizades particulares; que seria uma grande injustiça da minha parte interferir na discussão entre ambos. E antes mesmo de me procurar para falar sobre o assunto já havia enviado a seu pai um telegrama tolo e vulgar. Os erros mais terríveis da vida de um homem não acontecem porque ele é um ser irracional – um momento de irracionalidade pode tornar-se o mais belo momento da vida –, mas porque ele é um ser lógico. Há uma grande diferença. Aquele telegrama determinou todo o seu relacionamento subsequente com seu pai e, consequentemente, toda a minha vida. E o que havia de ridículo nele era o fato de ser aquele um telegrama que teria envergonhado o mais grosseiro dos moleques de rua. Passar dos telegramas atrevidos às pedantes cartas escritas por seus advogados foi um processo natural, e o resultado dessas cartas foi naturalmente obrigá-lo a ir cada vez mais longe. Você não lhe deixou qualquer escolha senão avançar. Para que seu apelo surtisse mais efeito você o forçou a isso, como se se tratasse de um ponto de honra – ou talvez fosse melhor dizer de desonra. Assim, da próxima vez em que ele me atacou, já não o fez mais através de uma carta particular em que investia contra mim como seu amigo particular, mas em público e na minha qualidade de homem público. Vi-me obrigado a expulsá-lo da minha casa. Ele, então, andava de restaurante em restaurante à minha procura para insultar-me diante de todo mundo e de tal maneira que, revidando ou não, eu estaria igualmente arruinado. Aquele teria sido certamente o momento para que você viesse em minha defesa para dizer que não consentiria que eu sofresse tão hediondos ataques, tão infame perseguição por sua causa e que desistiria imediatamente e de bom grado a qualquer pretensão que ainda pudesse ter à minha amizade. Creio que pode entender isso agora. Mas, na época, a ideia nem chegou a ocorrer-lhe: o ódio o deixara cego. Só pôde pensar – além, é claro, de continuar enviando a seu pai cartas e telegramas cheios de insultos – em comprar aquela pistola ridícula que acabou disparando enquanto jantávamos no Berkeley, em circunstâncias que criaram um escândalo pior do que qualquer outro de que já tivesse ouvido falar. Na verdade, a ideia de ser o objeto de uma terrível disputa entre seu pai e um homem na minha posição parecia deliciá-lo. Suponho que, como é muito natural, ela satisfizesse a sua vaidade e lisonjeasse a sua pretensão. Que seu pai pudesse ter ficado com o seu corpo, que não me interessava, e me deixado sua alma, que não tinha para ele o menor interesse, teria sido, na sua opinião, uma solução infeliz para a questão. Você farejou a oportunidade para um escândalo e aproveitou-a. Deliciava-o a perspectiva de uma batalha na qual você estaria a salvo. Não lembro de tê-lo jamais visto com melhor disposição do que a que demonstrou durante o resto da temporada. Sua única decepção parece ser a de que não chegou a acontecer mais nada, nem sequer um novo encontro ou rixa entre nós, mas você se consolava enviando-lhe telegramas de um tal teor que por fim o infeliz escreveu comunicando ter dado ordens aos criados para que não lhe entregassem nenhum telegrama, sob qualquer pretexto. Isso não chegou a desencorajá-lo, pois você havia descoberto as imensas possibilidades oferecidas pelos cartões-postais e aproveitou-as ao máximo. Você o incitou a prosseguir na caçada. Não creio que ele tivesse chegado realmente a desistir, pois o ódio que sentia por você era tão tenaz quanto o seu e eu não era mais do que um pretexto para ambos, servindo tanto de elemento de ataque quanto de defesa. A própria paixão pela notoriedade não era nele apenas uma característica individual, mas racial. E mesmo que o interesse dele tivesse esmorecido por um instante, suas cartas e cartões-postais logo teriam conseguido reacender a antiga chama. Foi o que aconteceu e, naturalmente, ele foi ainda mais longe: tendo me atacado em particular, como cidadão comum, e em público, como homem público, decidiu afinal lançar um último e decisivo ataque contra mim na minha qualidade de artista e no próprio local onde a minha arte estava sendo apresentada ao público. Assim, conseguiu obter por meio de um artifício qualquer um lugar para a estreia de uma das minhas peças e criou um plano para interromper a apresentação. Primeiro, um discurso sórdido a meu respeito para a plateia; depois, insultos dirigidos aos meus atores e, finalmente, mísseis ofensivos ou indecentes lançados contra a minha pessoa quando eu fosse chamado ao palco ao fim da apresentação, causando a minha ruína definitiva através do meu trabalho. Por pura sorte, graças a uma breve e acidental sinceridade provocada por um espírito mais intoxicado do que de hábito, ele vangloriou-se de suas intenções diante de terceiros, a polícia foi informada e impediu a sua entrada no teatro. Foi neste momento que você teve a sua chance, aquela foi a sua oportunidade. Não entende agora que deveria ter se apercebido disso e tomado a iniciativa de protestar, não admitindo que por sua causa a minha arte fosse prejudicada? Sabia bem o que ela significava para mim: ela era a minha principal característica, através da qual eu tinha me revelado, primeiro a mim mesmo e depois ao mundo; a grande paixão da minha vida; o amor diante do qual todos os outros amores eram como a água barrenta diante do vinho tinto ou como o vaga-lume do pântano diante do espelho mágico da lua. Entende agora que a falta de imaginação era o único defeito realmente fatal do seu caráter? O que você deveria ter feito era bastante simples e aparecia claramente diante dos seus olhos. Mas, cego de ódio, não conseguiu ver nada. Eu não podia pedir desculpas a seu pai por ele ter me insultado e perseguido da forma mais odiosa durante quase nove meses. Não conseguia livrar-me de você, expulsá-lo da minha vida, se bem que havia tentado repetidas vezes. Chegara mesmo a sair da Inglaterra e viajado para o estrangeiro na esperança de fugir-lhe. Tudo em vão. Você era a única pessoa que poderia ter feito alguma coisa.

Só você tinha a chave do problema. Aquela foi a sua oportunidade de retribuir de alguma forma todo o amor, afeição, bondade, generosidade e cuidados que eu lhe dedicara. E se tivesse sabido reconhecer pelo menos um décimo do meu valor como artista, tê-lo-ia feito. Mas a faculdade "pela qual, e só através dela, podemos entender os outros, tanto em suas relações reais quanto ideais" havia morrido em você. Pensava apenas num meio de mandar seu pai para a prisão. Vê-lo "no estaleiro", como costumava dizer, era sua única preocupação. A frase transformou-se numa das muitas *scies* da sua conversa diária. Podíamos ouvi-la todos os dias durante as refeições. Pois bem, conseguiu ver realizados todos os seus desejos: o ódio concedeu-lhe tudo aquilo que pretendera obter. Ele foi para você um senhor indulgente, como na verdade costuma ser para todos aqueles que o servem. Durante dois dias pôde sentar-se ao lado dos xerifes e deleitar-se com o espetáculo proporcionado por seu pai no banco dos réus da Corte Criminal. E no terceiro dia eu tomei o lugar que antes ele ocupara. O que teria acontecido? No hediondo jogo de ódio que ambos disputavam, haviam lançado os dados para ver quem ficaria com a minha alma – e você perdeu, eis tudo.

Percebe agora por que é preciso que eu lhe escreva sobre a sua vida e que você entenda o que aconteceu? Faz agora mais de quatro anos que nos conhecemos: passamos a metade desse tempo juntos e a outra metade tive de passá-la na prisão, como resultado dessa amizade. Não sei onde estará ao receber esta carta, se é que vai recebê-la um dia. Não tenho dúvida de que Roma, Nápoles, Paris, Veneza ou qualquer outra bela cidade à beira do mar ou de um rio o abriga agora. Sei que está cercado, senão por todo aquele luxo que desfrutava comigo, pelo menos por todas as coisas feitas para deliciar os olhos, os ouvidos e o paladar. Para você, a vida é bela. E, no entanto, se for sábio e desejar descobrir uma vida ainda mais bela e bem diferente da que vive agora, permitirá que a leitura desta carta terrível – pois sei que ela é terrível – constitua para você num momento tão crítico e decisivo para a sua vida como foi para a minha o ato de escrevê-la. Seu rosto pálido costumava enrubescer facilmente sob o efeito do vinho ou do prazer. Se, ao ler o que está escrito aqui, ele se tornar de tempos em tempos abrasado de vergonha, como se tivesse sido queimado pelo calor da fornalha, tanto melhor para você. O supremo pecado é a leviandade. Tudo aquilo que somos capazes de entender está certo.

Cheguei agora ao momento da prisão, não é mesmo? Depois de uma noite passada nas celas da polícia, sou mandado para lá num camburão. Você se mostra cheio de bondade e atenções. Até viajar para o exterior, dá-se ao incômodo de ir a Holloway quase todas as tardes – se não todas – para ver-me, e me escreve cartas cheias de carinho. Mas jamais, nem por um instante sequer, chegou a entender que não fora seu pai, mas você mesmo quem me havia mandado para a prisão; que, do começo ao fim, você fora o único responsável; que fora através de você, para você e graças a você que eu me encontrava lá. Nem mesmo o espetáculo de me ver atrás das grades daquela jaula de madeira teve o poder de estimular seu temperamento totalmente destituído de imaginação. Você sentia a mesma compaixão e as mesmas emoções que qualquer espectador sente ao assistir numa peça a algo comovente. Não lhe ocorreu que pudesse ser você o autor daquela medonha tragédia. Percebi que não tinha entendido o que havia feito, mas não tive a menor vontade de ser o primeiro a dizer-lhe aquilo que o seu próprio coração já deveria lhe ter dito, o que na verdade já lhe teria dito se você não tivesse permitido que o ódio o tornasse tão duro e insensível. É preciso que entendamos as coisas por nós mesmos, é inútil explicar a alguém aquilo que ele não sente e não é capaz de entender. Se lhe escrevo agora, é porque o seu próprio silêncio e a sua conduta durante o meu longo encarceramento tornaram necessária esta carta. Além disso, da forma como tudo acabou, a desgraça recaiu toda sobre os meus ombros. Isso me causou grande alegria: por várias razões, regozijei-me por ser eu a sofrer, embora não deixasse de sentir um certo desprezo ao observar a sua total e deliberada cegueira. Lembro-me do seu orgulho ao mostrar-me uma carta que havia escrito a meu respeito a um daqueles jornais de segunda categoria. Era uma carta escrita num tom prudente, equilibrado e na verdade bastante corriqueiro e medíocre. Nela, você apelava ao "senso de justiça dos ingleses", ou a qualquer outra coisa do gênero igualmente enfadonha, em favor de um homem "caído". Era o tipo da carta que poderia ter sido escrita em defesa de qualquer cidadão respeitável que você não conhecesse pessoalmente, contra o qual tivesse sido lançada uma acusação constrangedora. Mas você a achava maravilhosa, via nela uma prova de fidalguia quase quixotesca. Sei que escreveu a outros jornais outras cartas que não chegaram a ser publicadas. Mas nelas você se limitava a afirmar que odiava seu pai, e isso não tinha o menor interesse para ninguém. Ainda não tinha aprendido que, se sob o aspecto intelectual o ódio é a eterna negação, sob o aspecto emocional ele é visto como uma forma de atrofia que destrói tudo, menos a si próprio. Escrever aos jornais para anunciar que odiamos alguém é a mesma coisa que escrever para dizer que sofremos de uma moléstia secreta e vergonhosa. E o fato de ser o homem que você odiava seu próprio pai e de que esse sentimento fosse inteiramente recíproco não tornava esse ódio mais nobre ou mais digno de admiração. Se é que mostrava alguma coisa, era apenas que se tratava de uma doença hereditária.

Lembro-me também que, quando a minha casa foi penhorada judicialmente e meus livros e móveis apreendidos e postos à venda, sendo iminente a minha falência, eu naturalmente lhe escrevi para contar tais fatos. Não mencionei que os beleguins haviam entrado naquela casa onde você jantara tantas vezes para garantir o pagamento de alguns presentes que eu lhe havia dado. Certo ou errado, julguei que essas notícias poderiam causar-lhe certo sofrimento. Limitei-me a contar-lhe os fatos, pois achei que deveria conhecê-los. Você me respondeu da Bolonha, num tom de júbilo quase lírico. Afirmou saber que seu pai estava "precisando de dinheiro" e que fora obrigado a levantar mil e quinhentas libras para as despesas do processo, e o fato de que eu estivesse prestes a falir era na verdade um esplêndido ponto marcado contra ele, pois assim não conseguiria fazer com que eu pagasse as custas! Entende agora como o ódio pode cegar uma pessoa? Reconhece que, quando eu o descrevi como algo que destrói todas as coisas, exceto a si próprio, estava apenas descrevendo cientificamente um fato psicológico real? Que todos os meus bens tivessem sido postos à venda: meus desenhos de Burne-Jones, meus desenhos de Whistler, meu Monticelli, meu Simeon Solomons, minha porcelana, minha biblioteca com sua coleção de primeiras edições de quase todos os poetas do meu tempo, de Hugo a Whitman, de Swinburne a Mallarmé, de Morris a Verlaine, com suas edições belamente encadernadas das obras de meu pai e de minha mãe, sua maravilhosa sucessão de prêmios escolares e universitários, suas *éditions de luxe* etc., não significava absolutamente nada para você. Apenas um grande aborrecimento, nada mais. O único interesse que esses fatos tinham para você era a possibilidade de que, por causa deles, seu pai pudesse vir a perder algumas centenas de libras, e essa ideia mesquinha enchia-o de alegria. Quanto às custas do processo, talvez lhe interesse saber que seu pai declarou publicamente no Clube Orleans que mesmo que ele lhe tivesse custado vinte mil libras, ele teria considerado esta soma muitíssimo bem empregada, tal a alegria, divertimento e sensação de triunfo que ela lhe havia proporcionado. E o fato de que tivesse conseguido não apenas mandar-me para a prisão durante dois anos mas que me tivesse conseguido tirar de lá por uma tarde para fazer de mim um homem publicamente arruinado fora um requinte extra de prazer que ele não esperava desfrutar. Fora aquele o momento culminante da minha humilhação e o coroamento da sua total e absoluta vitória. Sei perfeitamente que, se o seu pai não tivesse pretendido fazer com que eu pagasse as custas do processo, você teria se mostrado solidário comigo – pelo menos em palavras – pela perda da minha biblioteca, uma perda irreparável para um homem de letras como eu, de todas as perdas materiais a que maior sofrimento me causou. Talvez tivesse até se dado ao trabalho de comprar alguns de meus livros para presentear-me com eles, lembrando as altas somas que eu tão generosamente gastara com você e de como havia vivido às minhas custas durante tantos anos. Os melhores volumes foram vendidos por menos de cento e cinquenta libras, quase tanto quanto eu costumava gastar com você durante uma semana. Mas o prazer mesquinho de pensar que seu pai perderia algum dinheiro fez com que esquecesse qualquer ideia de compensar-me de uma forma tão fácil, tão insignificante, tão pouco dispendiosa, tão óbvia e que teria sido tão bem recebida por mim, se a tivesse posto em prática. Estou ou não estou certo ao afirmar que o ódio pode cegar? Vê isso agora? Se ainda não conseguiu, tente fazê-lo.

Não é preciso que lhe diga quão claramente eu percebi tudo isso na época. Mas disse a mim mesmo: "Custe o que custar, devo manter o amor no meu coração. Pois se for para a prisão sem amor, o que será feito da minha alma?". As cartas que lhe escrevi em Holloway eram parte do meu esforço para fazer do amor a nota dominante da minha natureza. Eu poderia tê-lo dilacerado com amargas queixas, se assim o desejasse. Poderia tê-lo destroçado com maldições. Poderia ter colocado um espelho diante de você, e lhe mostrado uma tal imagem de si próprio que você não se teria reconhecido, até descobrir que ela lhe devolvia seus próprios gestos de horror e então teria sabido de quem era a imagem refletida no espelho e a teria odiado – e a si próprio – para todo o sempre. E mais do que isso até. Os pecados de outro estavam sendo creditados na minha conta. Eu poderia ter salvo a minha pele em qualquer um dos dois julgamentos, se assim o tivesse desejado. Se quisesse, poderia ter provado que as testemunhas da Coroa – as três mais importantes, haviam sido cuidadosamente instruídas por seu pai e seus advogados para, através não apenas de reticências, mas de afirmativas, transferir de forma deliberada e total as ações e atos de outros para os meus ombros. Poderia ter feito com que o juiz dispensasse cada um deles mais sumariamente até do que havia dispensado o desprezível e perjuro Atkins. Poderia ter deixado a Corte com as mãos nos bolsos, cinicamente, um homem livre. Sofri fortes pressões para agir assim. Fui fervorosamente aconselhado, instado e solicitado a fazê-lo por pessoas cujo único interesse era a minha felicidade e a felicidade da minha família. Mas recusei, não quis fazê-lo. E não me arrependi dessa decisão por um minuto sequer, mesmo nos períodos mais amargos do meu cativeiro. Tal procedimento só me teria rebaixado. Os pecados da carne não têm nenhuma importância: só os pecados da alma são vergonhosos. São enfermidades cuja cura – se é que devam ser curados – cabe aos médicos. Obter a minha absolvição por tais meios teria sido para mim um tormento eterno. Mas você pensa realmente que em qualquer período da nossa amizade merecia o amor que eu lhe dediquei ou que por um só momento eu tivesse acreditado nisso? Eu sabia que você não o merecia. Mas o amor não é algo que possa ser negociado num mercado ou pesado na balança de mascate. Sua alegria, como as alegrias do espírito, é sentir que está vivo. O único objetivo do amor é amar. Nem mais, nem menos. Você era meu inimigo, um inimigo como nenhum outro homem já teve. Eu havia lhe dado a minha vida e, para satisfazer as mais baixas e desprezíveis de todas as paixões humanas, o ódio, a vaidade e a cobiça, você o desprezara. Em menos de três anos, havia me levado à ruína sob todos os pontos de vista. Mas, para meu próprio bem, eu não podia fazer outra coisa senão amá-lo. Sabia que, se me permitisse odiá-lo, todas as pedras do árido deserto da existência por onde teria que viajar, e ainda hoje viajo, perderiam sua sombra, todas as palmeiras secariam, todas as nascentes estariam envenenadas. Será que você começa a entender agora? Você já sabia o que era o ódio. Será possível que a sua imaginação esteja finalmente despertando do longo sono letárgico em que esteve mergulhada? Talvez não seja demasiado tarde para que você aprenda, mesmo que para ensiná-lo eu deva permanecer encerrado nesta cela.

Depois da terrível sentença, quando eu já vestia o uniforme de presidiário e as portas da prisão se haviam fechado atrás de mim, permaneci imóvel entre as ruínas da minha maravilhosa vida, esmagado pela angústia, a mente confusa pelo terror que sentia, atordoado pelo sofrimento. Mesmo assim, não queria odiá-lo. Todos os dias repetia a mim mesmo: "Devo manter meu coração cheio de amor hoje, pois de que outra maneira poderei suportar mais este dia?". Lembrava que você não quisera fazer mal a ninguém, certamente não a mim: forcei-me a pensar que tinha apenas retesado o arco ao acaso e que a flecha havia penetrado e ferido o rei. Senti que comparar você ao menor dos meus sofrimentos, à mais mesquinha das minhas perdas, teria sido injusto. Decidi pensar em você como em alguém que também sofria. Forcei-me a acreditar que tinha finalmente conseguido abrir os olhos há tanto tempo cegos. Costumava imaginar – com grande sofrimento – quão imenso teria sido o seu horror ao contemplar a sua terrível obra. Houve momentos, mesmo naqueles dias negros, os mais negros de toda a minha vida, em que cheguei a desejar consolá-lo, tão certo estava de que você tinha finalmente percebido o que havia feito.

Não me ocorreu então que você pudesse possuir o supremo pecado: a leviandade. E na verdade sofri muito quando me vi obrigado a revelar-lhe a minha descoberta. Fui forçado a reservar a primeira oportunidade que tive de receber uma carta para resolver certos problemas de família: é que meu cunhado havia escrito para dizer-me que, caso eu concordasse em escrever uma só carta para minha esposa, ela desistiria de entrar com a ação de divórcio, tanto para o meu próprio bem quanto para o bem dos nossos filhos. Achei que era meu dever escrever-lhe. Pondo de lado outras razões, não podia suportar a ideia de me ver separado de Cyril, aquela bela, afetuosa e adorável criança, meu melhor amigo entre todos os amigos, meu companheiro predileto entre todos os companheiros. Um único fio de cabelo de sua dourada cabecinha deveria valer mais para mim do que, já não direi você inteiro, da cabeça aos pés, mas do que todo o crisólito do mundo. E na verdade sempre valera, embora eu só viesse a percebê-lo quando já era demasiado tarde.

Duas semanas depois do seu pedido, recebi notícias suas. Robert Sherard, o mais brilhante e delicado de todos os seres, veio visitar-me e, entre outras coisas, contou-me que você estava prestes a publicar um artigo a meu respeito, incluindo trechos das minhas cartas, no ridículo *Mercure de France*, que tinha a absurda pretensão de ser o verdadeiro centro da corrupção literária. Perguntou-me se eu havia dado a minha permissão. Surpreso e bastante aborrecido, apressome a tomar todas as providências para impedir que tal coisa acontecesse. Você havia deixado minhas cartas em toda a parte, para que seus camaradas chantagistas as roubassem, os criados dos hotéis as surrupiassem e as camareiras as vendessem. Isto provava apenas como dera pouco valor a tudo que eu lhe escrevera. Mas que pensasse seriamente em publicar trechos escolhidos de todas elas era algo em que eu mal podia acreditar. E quais as cartas selecionadas? Não consegui obter qualquer informação. Estas foram as primeiras notícias que tive de você. Elas me desagradaram profundamente.

A segunda não tardou: os advogados de seu pai apareceram na prisão e me apresentaram uma notificação de falência por eu não ter podido pagar a insignificante soma de 700 libras, valor dos seus honorários. Determinou-se que eu estava falido e ordenaram-me que comparecesse diante do juiz. Naquela ocasião senti – como ainda hoje sinto, e prometo voltar ao assunto – que cabia à sua família pagar as custas do processo. Você mesmo havia declarado que ela estaria disposta a fazê-lo e foi essa sua declaração que fez com que o advogado aceitasse a causa. Você era absolutamente responsável. Mesmo sem considerar o fato de que agia no interesse de sua família, deveria ter sentido que, como principal responsável pela minha ruína, o mínimo que poderia fazer seria poupar-me a ignomínia de ver declarada a minha bancarrota por uma quantia absolutamente desprezível, menos da metade do que eu gastara com você nos nossos três curtos meses de verão em Goring. Mas não tornarei a falar nisso agora. Admito ter recebido uma mensagem sua sobre o assunto através de um advogado. No dia em que veio ver-me para receber minhas declarações e ouvir meu depoimento, este senhor debruçou-se sobre a mesa, diante do carcereiro, e, depois de consultar um pedaço de papel, murmurou: "O Príncipe Flor de Lis manda-lhe suas lembranças". Olhei-o sem entender. Ele repetiu a mensagem. Continuei a olhá-lo, sem perceber o significado de suas palavras. "O cavalheiro no momento está no exterior" – acrescentou ele, enigmaticamente. De repente, entendi tudo e lembro que ri, pela primeira e última vez em toda a minha vida no cárcere. E havia naquele riso todo o escárnio do mundo. Príncipe Flor de Lis! Entendi então – e os acontecimentos posteriores demonstraram que eu estava certo – que nada do que acontecera até ali fora capaz de fazer com que você entendesse alguma coisa. Continuava sendo, a seus próprios olhos, o gracioso príncipe de uma comédia banal e não o sombrio protagonista de um espetáculo trágico. Tudo o que acontecera até então não fora mais do que uma pluma para adornar o chapéu que cobre uma cabeça estreita, ou uma flor para colorir o gibão que esconde um coração que só o ódio e apenas o ódio pode aquecer e que só o amor, e apenas o amor, deixa gelado. Príncipe Flor de Lis! Você tinha sem dúvida as suas razões para comunicar-se comigo sob um nome falso. Eu mesmo não tinha nome naquela época. Na grande prisão onde então me encontrava encarcerado, era apenas um número e uma letra fixados na porta da pequena cela que ocupava numa longa galeria, um entre milhares de números inanimados, uma entre milhares de vidas sem vida. Mas certamente deveria haver muitos outros nomes tirados da História que lhe teriam assentado melhor e pelos quais eu não teria tido a menor dificuldade para reconhecê-lo imediatamente. Não procurei você por trás do brilho falso de uma máscara que só ficaria bem se usada num alegre baile à fantasia. Ah, se ao menos sua alma tivesse sido atingida pelo sofrimento – como deveria ter sido para que pudesse tornar-se mais perfeito –, dobrada pelo remorso, humilhada pela dor, não seria esse o disfarce que teria escolhido para tentar entrar na Casa da Dor! As coisas mais importantes da vida são exatamente aquilo que parecem ser e por essa razão, embora talvez isso lhe pareça estranho, são muito difíceis de interpretar. Mas as pequenas coisas são símbolos e é através delas que recebemos mais facilmente as lições mais amargas. Sua escolha aparentemente casual de um nome falso foi, e continuará sendo, simbólica. Ela revela a sua verdadeira personalidade.

Seis semanas mais tarde recebo notícias suas. Sou chamado na enfermaria do hospital da prisão, onde jazia miseravelmente enfermo, para receber uma mensagem especial que me enviara por intermédio do diretor da prisão. Nela, você declara que pretende publicar um artigo sobre o "caso Oscar Wilde", no *Mercure de France* (acrescentando, por alguma razão extraordinária, tratar-se de "uma revista semelhante ao *Fortnightly Review*..."), e ansiava por obter minha permissão para publicar alguns trechos escolhidos de quais cartas? As que eu lhe havia escrito da prisão de Holloway! Justamente as cartas que deveriam ser sagradas para você e mais secretas do que qualquer outra coisa do mundo! Pois eram essas as cartas que se propunha exibir para que os exaustos *décadent* as admirassem, os gananciosos *feuilletoniste* as relatassem e os leõezinhos do *Quartier Latin* se embasbacassem ao lê-las e começassem a repeti-las. Se não houvesse nada em seu coração capaz de protestar contra tão vulgar sacrilégio, poderia ao menos ter lembrado daquele soneto escrito por alguém que assistira com tanta pena e tanto desdém ao leilão público das cartas de John Keats, realizado em Londres, e teria enfim entendido o verdadeiro significado dos meus versos: "Não creio que aqueles que quebram o cristal do coração de um poeta para que olhinhos doentios possam deslumbrar-se ou tripudiar, amem realmente a arte".

Pois o que pretendia provar com seu artigo? Que eu havia gostado demais de você? Os *gamin* de Paris sabiam disso muito bem. Todos eles leem os jornais e a maioria escreve neles. Que eu era um homem de gênio? Os franceses entendiam isso e também entendiam as características especiais do meu gênio melhor do que você jamais poderia fazê-lo. Sabiam também que muitas vezes os gênios possuem paixões e desejos curiosamente pervertidos. Admirável, mas o assunto pertence muito mais a Lombroso do que a você. Além do mais, o fenômeno patológico em questão também pode ser encontrado entre aqueles que não possuem nenhum talento especial. Que, na guerra de ódio que movia contra seu pai, eu servira ao mesmo tempo de escudo e arma para cada um de vocês? Não, eu iria até mais longe: que, na medonha caçada contra a minha vida que começou quando a guerra entre ambos chegou ao fim, ele jamais poderia ter me alcançado se as suas redes já não tivessem prendido os meus pés. Tudo verdade, mas fui informado que Henry Bauer já havia dito tudo isso e extremamente bem. Além disso, para corroborar as opiniões dele – se tal tivesse sido a sua intenção – você não precisaria publicar as minhas cartas, pelo menos não aquelas escritas na Prisão de Holloway. Em resposta às minhas perguntas, dirá talvez que numa das cartas que lhe escrevi em Holloway eu mesmo lhe havia pedido que fizesse tudo que estivesse ao seu alcance para limpar a minha imagem, pelo menos diante de uma pequena parcela do mundo. Certamente que o fiz. Lembra-se como e por que vim parar aqui? Acredita mesmo que esteja aqui devido às relações que mantinha com as testemunhas do julgamento? Minhas relações, reais ou supostas, com gente daquela espécie não tinham qualquer interesse para o governo ou a sociedade. Eles de nada sabiam, nem queriam saber. Estou aqui por ter tentado mandar seu pai para a prisão. Minha tentativa fracassou, é claro. Meus próprios advogados desistiram da minha defesa. Seu pai conseguiu virar o jogo e mandou-me para a prisão, onde ainda me encontro. É por isso que todos me desprezam. É por isso que preciso cumprir cada dia, cada hora, cada minuto desta terrível sentença. É por isso que todos os meus apelos foram recusados.

Você era a única pessoa que, sem se expor a qualquer perigo, desprezo ou culpa, poderia ter colocado este caso sob uma luz diferente, demonstrando – até certo ponto – a verdade dos fatos. Naturalmente, eu não esperava – e na verdade nem desejaria – que você confessasse como e por que solicitara a minha ajuda durante os problemas que tivera em Oxford; ou de que maneira e com que objetivos – se é que tivera mesmo algum objetivo – passara praticamente três anos sem jamais sair de perto de mim. Minhas incessantes tentativas de romper uma amizade tão funesta para mim, tanto como artista quanto como homem de posição e até como membro da sociedade, não precisariam ser relatadas com a exatidão com que foram registradas aqui. Nem desejaria que descrevesse as cenas que costumava fazer com quase monótona frequência; ou que reproduzisse a maravilhosa coleção de telegramas que me enviara, com aquela estranha mistura de romance e assuntos financeiros, ou que citasse os trechos mais repulsivos e cruéis de certas cartas como eu me vira forçado a fazer. Ainda assim, sempre julguei que teria sido bom, tanto para você quanto para mim, se tivesse feito um protesto qualquer contra a versão, tão ridícula quanto venenosa, que seu pai apresentou sobre a nossa amizade, tão absurda em suas ilações a seu respeito quanto desonrosa em suas referências à minha pessoa. Aquela versão passou agora a fazer parte da história; é citada, acreditada e relatada por todos; o pregador a utiliza em seus sermões e o moralista como tema de seu discurso estéril. E eu, que consegui ser apreciado por gente de todas as idades, tive que aceitar o veredito de um homem a quem considero um símio e um palhaço. Afirmei nesta carta – e admito que com uma certa amargura – que tal é a ironia das coisas que seu pai ainda acabaria por tornar-se um personagem dos textos lidos na Escola Dominical, que você seria comparado ao infante Samuel e que eu ocuparia um lugar entre Gilles de Retz e o Marquês de Sade. Atrevo-me a dizer que é melhor que assim seja: não tenho nenhum desejo de queixar-me, nem qualquer dúvida de que o leproso do medievalismo e o autor de *Justine* provarão ser melhor companhia do que *Sandford and Merton*.

Mas, na época em que lhe escrevi, acreditava que para o bem de ambos seria melhor, mais apropriado e mais certo não aceitar a versão dos fatos que seu pai apresentara através dos seus advogados para a edificação do mundo dos filisteus, e foi por essa razão que lhe pedi que refletisse e escrevesse qualquer coisa que se aproximasse mais da verdade. Isto pelo menos teria sido melhor para você do que ficar escrevendo tolices nos jornais franceses sobre a vida doméstica de seus pais. Que importância teria para os franceses saber se ambos viviam em harmonia? Impossível imaginar um assunto mais totalmente destituído de interesse para os franceses. O que poderia interessá-los era saber como um artista tão famoso quanto eu, que, pela escola e o movimento literário que representava, exercera uma influência tão marcante sobre os rumos do pensamento francês, fora capaz de ter movido tal processo depois de levar a vida que levara. Se me tivesse proposto publicar em seu artigo as cartas – temo que incontáveis – nas quais eu falava de como você estava arruinando a minha vida, da loucura crescente dos acessos de fúria que o dominavam, sem que você fizesse qualquer esforço para controlá-los, e que tanto mal causavam, tanto a mim quanto a você próprio; do meu desejo, ou antes, da minha determinação de acabar com uma amizade que provara ser tão funesta para mim, sobre todos os aspectos, eu poderia ter entendido – embora continuasse a não permitir que tais cartas fossem publicadas. Quando, desejando apanhar-me em contradição, os advogados de seu pai apresentaram sem aviso prévio uma carta que eu lhe havia escrito em março de 1893, na qual afirmava que preferiria "ser chantageado por todos os malandros de Londres" do que suportar uma repetição das horrendas cenas que você parecia sentir tanto prazer em provocar, foi para mim um verdadeiro sofrimento ver esses aspectos da nossa amizade revelados inadvertidamente aos olhos do público. Mas que você tivesse demorado tanto a perceber, que fosse tão destituído de sensibilidade, tão estúpido para apreender tudo o que existe de raro, delicado e belo, a ponto de propor a publicação de cartas nas quais e através das quais eu tentava manter vivo o próprio espírito e a alma do amor para que este pudesse habitar o meu corpo durante os longos anos em que este corpo seria humilhado – era, e continua sendo para mim, causa do mais profundo sofrimento e da mais pungente desilusão. Temo saber muito bem o que o fez agir assim. Se é verdade que o ódio o deixara cego, a vaidade havia costurado suas pálpebras com fios de ferro. "A faculdade pela qual, e só através dela, podemos perceber os outros tanto em suas relações reais, quanto ideais", havia sido embotada pelo seu intolerante egoísmo e tornada inútil pelo longo desuso. Sua imaginação era tão prisioneira quanto eu. A vaidade havia colocado grades nas janelas e o carcereiro chamava-se ódio.

Tudo isso aconteceu nos primeiros dias de novembro do ano retrasado. Um grande rio de vida corre entre mim e uma data tão distante. Você mal pode ver – se é que o consegue – através de um deserto tão imenso. Mas para mim é como se tudo tivesse acontecido não direi ontem, mas hoje. O sofrimento é um longo momento. É impossível dividi-lo em estações. Só podemos registrar os seus humores e relatar suas idas e vindas. Para nós o tempo não avança, apenas anda em círculos, parecendo girar em torno de um núcleo de sofrimento. A paralisante imobilidade de uma vida em que todas as circunstâncias são regidas por um modelo imutável, do modo que comemos, bebemos, dormimos e oramos – ou pelo menos nos ajoelhamos para orar – segundo as leis inflexíveis de uma fórmula de ferro, essa característica de imobilidade que faz com que cada enfadonho dia que passa seja exatamente igual ao outro em seus mínimos detalhes, parece comunicar-se àquelas forças externas cuja própria razão de ser é a incessante mudança. Desconhecemos tudo a respeito do tempo de semear e de colher, sobre os ceifeiros que se incham diante das espigas e os vinhateiros que avançam com dificuldade por entre os parreirais; sobre a relva do pomar alvejada pelas flores que caem ou juncada de frutos.

Para nós só há uma estação: a do sofrimento. Até a lua e o sol parecem nos ter sido roubados. Lá fora o dia pode estar azul e dourado, mas a luz que se esgueira através do vidro encoberto da pequena janela guarnecida por grades de ferro sob a qual nos sentamos é cinzenta e mesquinha. É sempre crepúsculo em nossa cela, assim como é sempre crepúsculo em nosso coração. E tanto ao nível do pensamento quanto ao nível do tempo, não há mais movimento algum. Aquilo que você mesmo já esqueceu há muito tempo, ou poderia esquecer facilmente, está acontecendo comigo neste exato momento e acontecerá outra vez amanhã. Lembre-se disso e poderá entender por que eu estou escrevendo desta maneira...

Uma semana mais tarde fui transferido para cá. Passam-se mais três meses e morre a minha mãe. Ninguém melhor do que você sabe o quanto eu a amava e respeitava.

Sua morte foi para mim um golpe terrível, mas eu, que em outros tempos fora senhor absoluto do idioma, não tenho agora palavras para expressar toda a minha angústia e a minha vergonha. Nunca, nem mesmo nos melhores dias da minha evolução como artista, teria encontrado palavras adequadas para ajudar-me a suportar tão pesado fardo, ou para fazer com que me deslocasse com suficiente imponência por entre o régio cortejo do meu inexprimível pesar. Ela e meu pai me deixaram como herança um nome que haviam tornado nobre e honrado não apenas na literatura, na arte, na arqueologia e na ciência, mas na própria história do meu país. Aquele nome, eu o desonrara para sempre, fizera dele objeto de zombaria entre a gente mais reles, arrastara-o pela lama, lançara-o às bestas para que o tornassem bestial e aos tolos para que fizessem dele um sinônimo de insensatez. Nenhuma pena pode descrever, nem papel algum registrar o que sofri então – e o que ainda hoje sofro. Para que eu não ouvisse a notícia transmitida por lábios indiferentes, minha mulher, sempre tão boa e gentil para mim, viajou, mesmo doente como estava, desde Genebra até a Inglaterra para dar-me ela própria as novas de tão irreparável e irredimível perda. Recebi mensagens de solidariedade de todos aqueles que ainda sentiam alguma afeição por mim e até mesmo de gente que não me conhecia pessoalmente mas que, ao saber da nova tragédia que se abatera sobre a minha vida, escreveu pedindo que seus votos de pesar me fossem transmitidos.

O calendário com meu nome e a sentença que devo cumprir, afixado na porta da minha cela, no qual são registradas a minha conduta e o meu trabalho diários, me diz que estamos em maio.

Meus amigos voltam a visitar-me. Como de hábito, pergunto por você. Sou informado de que está em sua vila de Nápoles e prepara-se para lançar um livro de poesias. Quase no fim da visita mencionam, casualmente, que ele me será dedicado. A notícia provoca em mim uma sensação de náusea. Sem nada dizer, volto vagarosamente para a minha cela com o coração cheio de desprezo e desdém. Como poderia sonhar em dedicar-me um volume de poesias sem antes solicitar a minha permissão? Eu disse sonhar? Como se atrevia a fazer tal coisa? Responderá talvez dizendo que nos meus dias de glória e fama eu consentira que seus primeiros trabalhos me fossem dedicados. Certamente o fizera, do mesmo modo com que teria aceito a homenagem de qualquer outro jovem que se iniciasse na bela e árdua carreira literária. Para o artista, toda homenagem é deliciosa e duplamente doce quando prestada pela juventude. As folhas de louro e os lauréis murcham quando colhidos por mãos idosas. Só a juventude tem o direito de coroar o artista, se ela ao menos pudesse entender que este é o seu único e verdadeiro privilégio! Você ainda não aprendeu que os dias de degradação e infâmia são bem diferentes daqueles de grandeza e fama. A prosperidade, o prazer e o sucesso podem ter um caráter grosseiro e vulgar, mas o sofrimento é a mais sensível de todas as coisas já inventadas. Não há nada capaz de agitar o mundo do pensamento que não o faça vibrar também, em terrível e delicada pulsação. Comparada a ele, a fina e trêmula folha de ouro que relata a direção de forças que o olho não consegue ver parece grosseira. É uma ferida que sangra quando tocada por qualquer outra mão que não a do amor e que mesmo então volta a sangrar, embora não sinta qualquer dor.

Se escreveu ao diretor da Prisão de Wandsworth pedindo minha permissão para publicar no *Mercure de France* ("que se assemelhava ao *Fortnightly Review*") as cartas que eu lhe havia escrito, por que não escrever também ao diretor da Prisão de Reading solicitando minha permissão para dedicar-me suas poesias, fosse qual fosse a fantástica descrição que quisesse fazer delas? Terá sido porque, no primeiro caso, eu havia proibido a revista em questão de publicar as cartas, cujo copyright legal – como você naturalmente sabia muito bem – pertencia e pertence apenas a mim, e no segundo você pensava poder fazer o que lhe aprouvesse sem que eu ficasse sabendo, até que fosse demasiado tarde para interferir? O simples fato de que eu era um homem desgraçado, arruinado e prisioneiro deveria ter feito com que você implorasse como um favor, uma honra e um privilégio escrever meu nome na página de rosto de seu livro, caso tivesse desejado fazê-lo. É assim que devemos nos aproximar de todos aqueles que caíram em desgraça e vivem cobertos de vergonha.

Onde quer que haja sofrimento, o terreno é sagrado: algum dia as pessoas entenderão o significado dessas palavras – não conhecerão nada da vida até que o façam. Robbie* e outros iguais a ele são capazes de entender. Quando me trouxeram da prisão para a Corte de Falências, entre dois policiais, Robbie ficou esperando naquele longo e sombrio corredor e, diante da multidão que um ato tão simples e doce fez emudecer, levantou gravemente o chapéu quando passei diante dele, algemado e de cabeça baixa. Por muito menos do que isso muitos homens já foram para o céu. Era com esse espírito e com esse dom de amor que os santos se ajoelhavam para lavar os pés dos mendigos ou inclinavam-se para beijar a face dos leprosos. Nunca lhe disse uma só palavra sobre o que ele fez. Até hoje não sei se soube que eu percebera o seu gesto. Não é uma coisa que se possa agradecer com palavras formais, mas é algo que guardo no cofre do meu coração como uma dívida secreta que, alegra-me pensar, jamais conseguirei pagar. Uma dívida preservada do esquecimento e conservada em toda a sua doçura pela mirra e a cássia de muitas lágrimas derramadas. Quando a sabedoria me foi inútil, a filosofia estéril e os provérbios e frases daqueles que procuravam consolar-me sabiam a pó e cinzas na minha boca, a lembrança daquele pequeno, adorável e silencioso ato de amor fez com que o deserto florescesse como uma rosa, abriu para mim todas as fontes da piedade. Transportou-me da amargura de um exílio solitário para junto da harmonia do ferido, partido e enorme coração do mundo. Quando as pessoas puderem entender não apenas quão belo foi o gesto

*Robert Ross. (N.E.)

de Robbie, mas por que ele significou e sempre significará tanto para mim, então talvez possam entender como, e com que espírito, deveriam se aproximar de mim...

O primeiro volume de poemas que um jovem lança ao mundo na primavera de sua idade viril deveria ser como um botão ou uma flor primaveril, como os abrolhos brancos nas alamedas de Magdalen ou as prímulas nos campos de Cumnor. Não deveria ser tolhido pelo peso de uma terrível e sórdida tragédia, um escândalo terrível e revoltante. Teria cometido um grave erro artístico se tivesse permitido que meu nome servisse de arauto para o seu livro, ele teria surgido cercado por um clima totalmente errado e na arte moderna o clima é muito importante. As duas características principais da vida moderna são a complexidade e a relatividade. Para transmitir a primeira, necessitamos de um clima cheio de sutilezas, sugestões e estranhas perspectivas; para transmitir a segunda, precisamos ter experiência. É por isso que a escultura deixou de ser uma arte representativa, que a música ainda é uma arte representativa e a literatura é, sempre foi e sempre será a suprema arte representativa.

Estendi-me sobre o assunto para que você pudesse perceber sua importância e entendesse por que eu escrevi imediatamente a Robbie falando em você com tanto desprezo e rancor, proibindo terminantemente que o livro me fosse dedicado e desejando que o que eu havia escrito a seu respeito fosse cuidadosamente copiado e enviado a você. Senti ter chegado enfim o momento de fazer com que você reconhecesse e entendesse, pelo menos em parte, o que havia feito. A cegueira pode ser levada a tal ponto que acaba por se tornar ridícula, e um temperamento como o seu, totalmente destituído de imaginação, acabará por petrificar-se, reduzido à mais absoluta insensibilidade se não fizermos nada para despertá-lo. De outro modo, embora o corpo possa continuar comendo, bebendo e desfrutando de todos os prazeres, a alma que esse corpo abriga – tal qual a alma da Branca d'Oria de Dante – estará completamente morta. Minha carta parece ter chegado no momento exato. Tanto quanto me é dado julgar, ela caiu sobre você como um raio. Na resposta que escreveu a Robbie, descreve a si mesmo como sendo uma pessoa totalmente destituída de qualquer capacidade de "pensamento e expressão". E, na verdade, aparentemente parece não ter pensado em mais nada além de escrever à sua mãe para queixar-se de mim. E naturalmente ela, com aquela cegueira que a impede de ver o que é melhor para você e que tem feito a infelicidade dela tanto quanto a sua, consola-o de todas as maneiras e faz com que – suponho eu – volte à indigna infortunada condição em que se encontrava antes. Quanto a mim, ela faz saber aos meus amigos que está "muito aborrecida" comigo pela severidade das observações que eu fizera a seu respeito. E, na verdade, não foi apenas aos meus amigos que transmitiu todo o seu descontentamento mas também àqueles – muito mais numerosos, nem seria preciso lembrá-lo – que não são meus amigos. Sou informado, por fontes inteiramente favoráveis a você e aos seus, que, em consequência desses comentários, grande parte da simpatia que eu começava a despertar – e que, graças à minha fama de gênio e aos terríveis sofrimentos por que passara, ia aumentando gradativamente – acabou por desaparecer. As pessoas dizem: "Ah, primeiro ele tentou mandar aquele pai extremado para a prisão e fracassou, agora volta-se contra o filho inocente, tentando responsabilizá-lo pelo fracasso. Como estávamos certos ao desprezá-lo! Como ele merece todo o nosso escárnio!". Parece-me que seria mais apropriado que sua mãe permanecesse em silêncio sempre que meu nome fosse mencionado diante dela, já que não tem qualquer palavra de remorso ou de arrependimento pelo papel que desempenhou na ruína da minha casa – e que não foi pequeno. Quanto a você, não entende agora que, em vez de escrever a ela para queixar-se, teria sido melhor escrever-me diretamente tendo a coragem de expressar tudo aquilo que tinha ou imaginava ter para dizer-me. Faz quase um ano que eu escrevi aquela carta. É impossível que durante todo esse tempo tenha permanecido privado da "capacidade de pensamento e expressão". Por que não me escreveu? Pela minha carta pôde sentir quão profundamente a sua conduta me havia ferido e ofendido. Mais do que isso: conhecera finalmente toda a verdade – colocada de forma inequívoca – sobre a amizade que nos unira. Quantas vezes, nos velhos tempos, eu lhe havia dito que você estava desgraçando a minha vida! E você ria. Lembro-me quando, bem no início da nossa amizade, ao ver como você permitia que eu assumisse a carga, os aborrecimentos e até mesmo as despesas daquele seu infeliz acidente em Oxford – se assim podemos chamá-lo –, Edwin Levy, cujos conselhos e ajuda você também havia buscado naquela ocasião, preveniu-me contra você durante quase uma hora. E como você riu quando lhe descrevi, já em Bracknell, a longa e comovente entrevista que tivera com ele. Também riu, embora sem muita vontade, quando contei que até aquele infeliz jovem, que finalmente foi quem permaneceu a meu lado no banco dos réus, me avisou que você acabaria sendo mais responsável pela minha destruição total do que qualquer um dos muitos rapazes vulgares com os quais eu me envolvera. Quando meus amigos mais prudentes – ou menos fiéis – falaram contra você ou me abandonaram devido à nossa amizade, você riu, cheio de desprezo. Assim como riu também, às gargalhadas, quando, na ocasião em que seu pai lhe enviou a primeira carta atrevida, na qual fazia referências insultuosas à minha pessoa, afirmei que eu seria apenas um instrumento na terrível disputa entre pai e filho e que acabariam ambos por me causar um grande mal. Mas tudo aconteceu exatamente como eu havia previsto e você não tem qualquer desculpa por não ter percebido como tudo aquilo iria terminar. Por que não escreveu? Covardia? Insensibilidade? Qual o motivo, afinal? O fato de que eu estivesse ofendido com você e tivesse expressado todo o meu descontentamento era mais uma razão para que me escrevesse. Se considerou justa a minha carta, deveria ter escrito. E se viu nela a menor injustiça, deveria ter escrito também.

Esperei pela sua carta, estava certo de que iria finalmente perceber o antigo afeto, o amor tantas vezes declarado, os mil atos de bondade não solicitados que eu havia derramado sobre você, as mil dívidas de gratidão das quais era credor. E, se tudo isso não significasse nada, o próprio dever – o mais vazio de todos os vínculos entre dois seres – deveria ter feito com que escrevesse. Não pode alegar ter pensado seriamente que eu só tinha permissão para receber cartas dos membros da minha família, tratando exclusivamente de negócios, pois sabia muito bem que a cada três meses Robbie me escreve uma pequena resenha de novidades literárias. Nada mais encantador do que essas cartas tão cheias de espírito, de crítica inteligente e de leveza. São verdadeiras cartas, como uma conversa entre duas pessoas, e têm todas as virtudes da *causerie intime* dos franceses. E no seu delicado tom de deferência para comigo, apelando ora para o meu julgamento, ora para o meu senso de humor, ora para o meu instinto para o que é belo ou para a minha cultura, ao lembrar sempre, de mil maneiras sutis, que para muitos eu fui o árbitro do bom gosto na arte e, para outros, o supremo árbitro, ele demonstra toda a sua sensibilidade tanto na literatura quanto no amor. Suas cartas têm sido os mensageiros entre eu e o belo mundo irreal da arte, onde já fui rei e teria continuado a sê-lo se não me tivesse deixado atrair pelo mundo imperfeito das paixões mais grosseiras e insatisfatórias, dos baixos apetites, dos desejos sem limites e da cobiça. E, no entanto, apesar de tudo, certamente você poderia ter sido capaz de entender ou, pelo menos, de imaginar que, nem que fosse apenas por mera curiosidade psicológica, teria sido bem mais interessante para mim receber notícias suas do que saber que Alfred Austin tentava publicar um livro de poesias, que Georg Street era agora o crítico teatral do *Daily Chronicle* ou que a Sra. Meynell, que não conseguia fazer um elogio sem gaguejar, passara a ser considerada a nova Sibila da elegância.

Ah, se *você* estivesse na prisão – não por culpa minha, pois essa é uma ideia demasiado terrível para que eu possa suportá-la –, mas por um erro seu, por sua própria culpa ou por confiar demais em amigos que não mereciam a sua confiança, ou por ter escorregado na lama da sensualidade, ou por lealdade ou amor mal aplicados, ou por nenhum desses motivos ou por todos eles, pensa por acaso que eu teria permitido que consumisse seu coração na solidão e nas trevas, sem tentar ajudá-lo de alguma forma – por insignificante que fosse – a carregar o fardo amargo da sua desgraça? Julga que eu não teria feito com que soubesse que o seu sofrimento era o meu sofrimento, que se você chorava meus olhos também se enchiam de lágrimas e que, se jazia no cativeiro desprezado pelos homens, eu construiria, com a minha dor, uma casa onde habitaria até a sua volta, um santuário onde tudo aquilo que os homens lhe haviam negado lhe seria oferecido cem vezes multiplicado, para que suas feridas cicatrizassem? Se uma necessidade amarga ou a prudência – para mim ainda mais amarga – me tivessem impedido de ficar junto de você e me privado da alegria de vê-lo, embora através das grades de ferro e coberto de vergonha, eu lhe teria escrito sempre, na esperança de que uma simples frase, uma única palavra ou até mesmo o eco intermitente do amor chegasse até você. Caso não quisesse receber as minhas cartas, eu ainda assim lhe teria escrito para que você soubesse que, fosse como fosse, haveria sempre cartas à sua espera. Muitos agiram assim comigo. A cada três meses, há gente que me escreve ou se oferece para escrever-me. Essas mensagens permanecem guardadas e me serão entregues quando eu deixar a prisão. Sei que existem, conheço os nomes das pessoas que as enviaram, sei que estão cheias de simpatia, afeto e bondade e isso me basta. Não preciso saber mais nada. Seu silêncio tem sido horrível. É um silêncio que não dura apenas semanas ou meses, mas anos. De anos que até mesmo aqueles que, como você, vivem velozmente em meio à felicidade e mal podem apanhar os pés dourados dos dias que passam rapidamente, sem fôlego na caça aos prazeres, também devem contar. É um silêncio sem desculpas, um silêncio sem atenuantes. Eu sabia que você tinha pés de barro. Quem poderia sabê-lo melhor do que eu? Quando escrevi em meus aforismos que eram apenas os pés de barro que valorizavam o ouro da imagem*, era em você que pensava. Mas a imagem que criou para si não era dourada, nem tinha pés de barro. Do pó das estradas de terra que os cascos dos animais transformaram em lama, você moldou uma imagem feita à sua semelhança para que eu a contemplasse de modo que, qualquer que tivesse sido o meu desejo secreto, seria agora impossível para mim sentir por você outra coisa senão ódio e desprezo. E, pondo de lado todas as outras razões, a sua indiferença, a sua sabedoria mundana, a sua insensibilidade, sua prudência ou seja qual for o nome que lhe queira dar, tornaram-se duplamente amargas para mim pela estranha circunstância de que todas elas acompanharam a minha queda ou surgiram logo depois dela.

Outros homens há que, quando são jogados na prisão, embora desgraçados, estão de certa forma a salvo dos golpes mais mortais, das mais terríveis flechas que o mundo poderia arremessar contra eles. Podem ocultar-se na escuridão de suas celas e fazer da própria desgraça uma espécie de refúgio. Vendo satisfeita a sua vontade, o mundo segue seu caminho e eles são deixados para trás, para que sofram sem ser perturbados. Mas comigo tem sido diferente: sofrimento após sofrimento têm vindo bater às portas da prisão à minha procura e as portas lhes são abertas de par em par para que possam entrar. Dificilmente permitem que meus amigos se aproximem de mim – se é que alguma vez o permitiram. Mas meus inimigos sempre tiveram livre acesso à minha pessoa. Duas vezes durante minhas aparições públicas na Corte de Falências, e mais duas vezes durante minhas transferências de uma prisão para outra, fui exibido aos olhares e ao escárnio dos homens sob condições de inenarrável humilhação.

* Dorian Gray. (N.E.)

O mensageiro da morte já me trouxe suas mensagens e seguiu o seu caminho, e eu me vi forçado a suportar o intolerável fardo da infelicidade e do remorso que a lembrança de minha mãe colocou e ainda coloca sobre os meus ombros, na mais completa solidão, isolado de todos aqueles que me poderiam confortar ou sugerir alguma forma de alívio. E mal o tempo consegue aliviar aquela ferida – embora sem curá-la – recebo cartas violentas, amargas e grosseiras, enviadas pelos advogados de minha mulher. Nelas, sou a um só tempo envenenado e ameaçado com a pobreza. Isso ainda poderia suportar: posso acostumar-me com coisas bem piores. Mas eis que perco legalmente a guarda de meus dois filhos. Esta foi e continuará sendo para mim uma fonte de infinito sofrimento, de infinita dor, de uma mágoa sem fim e sem limites. Que a lei possa decidir e se arrogue o direito de decidir que eu não sou mais digno de ter meus filhos junto a mim parece-me algo terrível. A desgraça de estar na prisão nada é comparada a essa outra desgraça. Invejo os homens que caminham a meu lado no pátio: estou certo de que seus filhos esperam por eles, aguardam a sua volta e serão carinhosos quando ela acontecer.

Os pobres são mais sábios, caridosos, bondosos e sensíveis do que nós. Aos seus olhos, a prisão é uma tragédia na vida de um homem, uma infelicidade, um acidente, algo que deve exigir a solidariedade dos outros. Falam de quem está na prisão como de alguém que "tem problemas" simplesmente. É essa a frase que sempre usam e a expressão contém a perfeita sabedoria do amor. Com gente da nossa classe, é diferente: para nós, a prisão transforma o homem num pária. Eu e outros iguais a mim mal temos direito ao sol e à luz. A nossa presença lança uma sombra sobre o prazer dos outros. Quando voltamos, ninguém mais deseja a nossa companhia. Não podemos rever a claridade da lua e até os nossos filhos nos são tomados. Negam-nos a única coisa que poderia nos curar e nos manter inteiros, a única coisa capaz de consolar o nosso coração ferido e pacificar a nossa alma que sofre.

E a tudo isso acrescenta-se o fato mesquinho, insignificante mas inegável de que, por suas ações e por seu silêncio, pelo que fez e pelo que deixou de fazer, você tornou ainda mais difícil para mim suportar cada dia do meu longo cativeiro. Seu procedimento conseguiu mudar até o gosto do pão e da água que me servem na prisão, tornando amargo o primeiro e salobra a segunda. Você duplicou o sofrimento que deveria ter repartido, avivou a dor que deveria ter procurado aplacar, transformando-a em angústia. Acredito que não o tenha feito intencionalmente. Sei que não pretendeu fazê-lo. Foi culpa apenas do "único defeito realmente fatal do seu caráter: a sua total falta de imaginação".

E o resultado de tudo isso é que eu preciso perdoá-lo, tenho que fazê-lo. Não escrevo esta carta para encher seu coração de rancor mas para arrancar um pouco do rancor que enche o meu coração. Em meu próprio benefício, é necessário que eu o perdoe. Não se pode manter para sempre uma víbora presa ao seio para que ela se alimente do nosso sangue, nem é possível levantar todas as noites para semear espinhos no jardim da nossa alma. E não será tão difícil perdoá-lo desde que você me ajude um pouco. Nos velhos tempos, eu costumava perdoá-lo de bom grado, o que não lhe fez nenhum bem. Só alguém com uma vida sem mácula pode perdoar os pecados dos outros. Mas agora, quando me encontro em desgraça e humilhado, é diferente. Meu perdão deveria significar muito para você neste momento. Algum dia será capaz de entender o que digo. Quer isso aconteça agora, mais tarde ou nunca, o caminho que devo seguir aparece claramente diante dos meus olhos. Não posso permitir que continue a viver carregando no seu coração o peso de ter arrumado a vida de um homem como eu. A ideia talvez o deixe insensível e indiferente ou morbidamente triste. É preciso que eu retire esse peso dos seus ombros e o coloque sobre os meus.

É preciso que eu diga a mim mesmo que fui o único responsável pela minha ruína e que ninguém, seja ele grande ou pequeno, pode ser arruinado exceto pelas próprias mãos. Estou pronto a afirmá-lo. Tento fazê-lo, embora eles possam não concordar comigo neste momento. Esta impiedosa acusação eu a faço sem piedade contra mim mesmo. Terrível foi sem dúvida o que o mundo fez comigo, mais terrível ainda foi o que eu fiz contra mim mesmo.

Fui um homem que se colocou em relação simbólica para com a arte e a cultura do seu tempo. Concebi essa ideia desde a mais tenra juventude e mais tarde obriguei meus contemporâneos a aceitá-la. Poucos homens conseguem atingir tal posição enquanto ainda vivos e fazer com que os outros a reconheçam. Geralmente ela só é percebida pelo historiador – quando isso acontece – muito tempo depois, quando tanto o homem quanto a sua época já desapareceram. Comigo foi diferente: eu percebi por mim mesmo e fiz com que os outros o percebessem. Byron também foi uma figura simbólica, mas suas relações eram com a paixão da sua época e o cansaço e o tédio que essa paixão inspirava. As minhas relações eram com algo bem mais nobre, permanente, vital e abrangente.

Os deuses me concederam quase tudo: eu possuía o gênio, um nome, posição, agudeza intelectual, talento. Fiz da arte uma filosofia e da filosofia uma arte, não havia nada que dissesse ou fizesse que não provocasse a admiração das pessoas. Peguei o drama, a mais objetiva das formas da arte que se conhece, e transformei-o numa forma de expressão tão pessoal quanto o poema lírico ou o soneto, ao mesmo tempo em que ampliava o seu alcance e enriquecia as suas características. Drama, novela, poema em prosa ou verso, diálogos fantásticos ou sutis, o que quer que eu tocasse tornava belo, com um novo tipo de beleza; atribuí à própria verdade, como sua legítima jurisdição, tanto o que é falso quanto o que é verdadeiro e demonstrei que o falso e o verdadeiro são apenas formas de vida intelectual.

Tratei a arte como a suprema realidade e a vida como uma mera ficção. Despertei a imaginação do século em que vivi, para que criasse um mito e uma lenda em torno da minha pessoa. Resumi todos os sistemas numa única frase e toda a existência numa epígrafe. Além de todas essas coisas eu ainda tinha algo diferente. Mas me deixei atrair por longos períodos de ócio sensual e insensato. Divertia-me ser um *flâneur*, um dândi, um homem da moda. Cerquei-me de naturezas menores e de inteligências medíocres. Dissipar o meu próprio gênio e desbaratar uma juventude que me parecia eterna provocava em mim uma estranha alegria. Cansado das alturas, desci voluntariamente às profundezas em busca de novas sensações. O que o paradoxo significava para mim no âmbito do pensamento, a depravação passou a significar no âmbito das paixões. No fim o desejo era como uma doença, uma loucura, ou ambas. Deixei de pensar nos outros, desfrutava o prazer onde quer que o encontrasse e seguia adiante. Esqueci que cada pequena ação cotidiana pode fazer ou desfazer um caráter e que tudo aquilo que fazemos no segredo da alcova teremos que confessá-lo um dia, gritando do alto dos telhados. Deixei de ser senhor de mim mesmo. Já não era mais o comandante da minha alma e não sabia. Permiti que o prazer me dominasse e acabei caindo em terrível desgraça. Agora só uma coisa me resta: a mais absoluta humildade.

Estou há quase dois anos na prisão. Durante esse tempo, meu temperamento me fez passar por momentos de selvagem desespero, de entrega total ao sofrimento, que era contristadora até para quem a observava, por uma raiva terrível e impotente, por sentimentos de amargura e rancor, por uma angústia que me fazia soluçar, um sofrimento que não encontrava palavras para expressar-se, um arrependimento mudo, um pesar silencioso. Passei por todos os estágios possíveis do sofrimento. Entendo melhor que o próprio Wordsworth o que ele quis dizer quando escreveu:

"O sofrimento é algo permanente, misterioso e sombrio e tem a natureza do infinito".

Mas embora houvesse momentos em que me alegrava ante a ideia de que meus sofrimentos jamais teriam fim, não podia suportar o pensamento de que não tivessem qualquer sentido. Agora encontro, oculto em algum lugar de mim mesmo, algo que me diz não haver nada neste mundo que não tenha sentido, menos ainda o sofrimento. E esta coisa que descobri em mim, como um tesouro enterrado no campo, é a humildade.

Ela é a única coisa que me resta, a minha última e melhor descoberta, o ponto de partida para uma nova vida. E fui eu mesmo quem a descobriu dentro de mim, por isso sei que ela chegou no momento certo. Não poderia ter surgido antes nem depois. Se alguém me tivesse falado nela, eu a teria rejeitado, se me tivesse sido apresentada, eu a teria recusado. Mas como fui eu mesmo a encontrá-la, quero guardá-la para mim. É preciso que o faça pois ela é a única coisa que contém os elementos da vida, de uma nova vida, a *Vita Nuova* para mim. Entre todas as coisas, é ela a mais estranha, não podemos dá-la a ninguém e ninguém pode dá-la para nós. É impossível obtê-la, a menos que concordemos em nos desfazer de todos os nossos bens. E só quando perdemos tudo é que descobrimos possuí-la.

Agora que descobri que ela existe dentro de mim, percebo claramente o que devo fazer na verdade, o que é imperioso que faça. E quando uso tal frase não é preciso dizer que não estou aludindo a qualquer ordem ou comando externo, pois não os admitiria. Sou hoje mais individualista do que nunca. Aos meus olhos, nada parece ter o menor valor, exceto aquilo que conseguimos obter por nós mesmos. Minha índole procura uma nova forma de realização pessoal. Esta é a minha única preocupação. E a primeira coisa que terei de fazer será libertar-me de qualquer possível sentimento de rancor contra o mundo.

Não possuo um centavo. Estou completamente arruinado e não tenho sequer um lar. E, no entanto, há coisas piores. Sou franco ao dizer que preferiria mendigar meu pão de porta em porta do que sair desta prisão com o coração cheio de rancor contra o mundo. Pois, mesmo que não conseguisse obter nada nas mansões dos ricos, sempre conseguiria algo na casa dos pobres. Os que têm muito são muitas vezes avaros, mas aqueles que têm pouco sempre repartem. Não me importaria de dormir sobre a relva fresca no verão e, quando o inverno chegasse, procuraria refúgio junto aos montes de feno ou sob o alpendre de um grande celeiro, desde que houvesse amor em meu coração. As coisas externas já não têm a menor importância para mim. Pode ver a que ponto chegou o meu individualismo, ou melhor, a que ponto está chegando, pois a jornada é longa e "há espinhos por onde quer que eu passe".

É claro que eu sei que o meu destino não será jamais pedir esmolas e que, se alguma vez chegar a deitar-me sobre a relva fresca, será para escrever sonetos à lua. Quando sair da prisão, Robbie estará à minha espera do outro lado dos grandes portões de ferro e ele é o símbolo, não apenas da sua própria afeição, mas da afeição de muitos outros além dele. Creio que terei o suficiente para viver durante pelo menos dezoito meses, de modo que, se eu não puder escrever belos livros, poderei ao menos lê-los. E que alegria poderia ser maior do que esta? Depois disso, espero ter conseguido recuperar minha capacidade de criar.

Mas se as coisas fossem diferentes: se não me restasse um só amigo no mundo, se nenhuma casa me abrisse as suas portas, se me visse forçado a vestir os andrajos de um mendigo, enquanto estivesse livre de todo o rancor, maldade e ódio, poderia enfrentar a vida com muito mais calma e confiança do que o faria se o meu corpo vivesse coberto pelo mais fino linho e a alma que ele abriga doente de ódio.

E na verdade não terei nenhuma dificuldade, pois quando desejamos realmente o amor, acabamos sempre por encontrá-lo à nossa espera.

Nem é preciso que lhe diga que a minha tarefa não acaba aqui. Seria relativamente fácil se acabasse, mas há muita coisa ainda diante de mim: tenho montanhas muito mais íngremes para escalar e vales muito mais sombrios para atravessar. E é preciso que vença todas as dificuldades pelo meu próprio esforço. Nem a religião, nem a moral, nem a razão podem ajudar-me.

A moral não me ajuda. Sou um antinomiano nato. Sou um daqueles feitos para as exceções, não para as regras. Mas, embora entenda que não há nada errado naquilo que fazemos, entendo também que há qualquer coisa de errado naquilo em que nos tornamos. Foi bom ter aprendido isso.

A religião não me ajuda. A fé que os outros dedicam àquilo que não podem ver eu dedico àquilo que é possível tocar e olhar. Meus deuses vivem em templos feitos com as mãos e a minha doutrina é tornada perfeita e completa pelo âmbito das experiências vividas. Talvez demasiado completa até, pois, como muitos daqueles que constroem seu paraíso na Terra, eu coloquei nele não apenas as belezas do céu, mas os horrores do inferno. Quando chego a pensar em religião, imagino fundar uma ordem para abrigar todos aqueles que não conseguem acreditar. Poderíamos chamá-la de Confraria dos Sem-Fé, onde, sobre um altar onde nenhuma vela ardesse, um sacerdote em cujo coração a paz não encontraria refúgio celebraria uma missa com pão não consagrado e um cálice onde não houvesse vinho. Para que seja verdadeiro, é preciso que tudo se transforme em religião. E assim como a fé, o agnosticismo também deveria ter seus próprios rituais: ele, que já semeou seus mártires, deveria agora colher seus santos e louvar diariamente o Senhor por Ele ter permanecido longe dos olhos dos homens. Mas, quer seja fé ou agnosticismo, não pode ser nada surgido fora de mim mesmo. É necessário que eu mesmo tenha criado todos os seus símbolos. Só é espiritual aquele que cria suas próprias formas. Se eu não puder descobrir o seu segredo dentro de mim mesmo, nunca o encontrarei, e se ainda não consegui encontrá-lo é porque ele jamais me será revelado.

A razão não me ajuda. Ela me diz que as leis que me condenaram são injustas e erradas e o sistema sob o qual agora sofro é um sistema errado e injusto. Mas é preciso que, de alguma forma, eu faça com que ambos pareçam justos e certos aos meus olhos. Assim como na arte só nos preocupamos com o que uma determinada coisa significa para nós num determinado momento, assim também acontece na evolução ética do nosso caráter. É preciso que eu faça com que tudo aquilo que me aconteceu tenha acontecido para o meu próprio bem. A cama dura, a comida repulsiva, as cordas ásperas que transformamos em estopa até que nossos dedos fiquem amortecidos de dor, as tarefas servis com que devemos começar e encerrar cada dia, as ordens dadas sempre num tom áspero que parece necessário à rotina, o uniforme horrível que faz do nosso sofrimento algo ridículo de se olhar, o silêncio, a solidão, a vergonha – cada uma dessas coisas eu me vi obrigado a transformar numa experiência espiritual. Não há um só ato que avilte o corpo que eu não deva tentar transformar numa forma de espiritualização da alma.

Quero chegar ao ponto em que serei capaz de afirmar com simplicidade e sem fingimentos que os dois momentos decisivos da minha vida foram quando meu pai mandou-me para Oxford e quando a sociedade mandou-me para a prisão. Não chegarei a afirmar que a prisão é a melhor coisa que poderia ter me acontecido, pois tal frase teria um sabor de excessivo rancor contra mim mesmo. Preferiria dizer – ou que dissessem – que eu era um produto tão típico da minha época que na minha depravação, e por causa dela, havia transformado todas as coisas boas da minha vida em pecados e todos os pecados em coisas boas.

Mas não importa muito o que eu próprio ou os outros disserem a meu respeito. O importante, o que está diante de mim e que é preciso que eu faça, se não quiser ver os dias que me restam mutilados, frustrados e incompletos, é absorver tudo aquilo que sofri, fazer com que se torne parte de mim mesmo, aceitá-lo sem queixas, medo ou relutância.

O supremo pecado é a leviandade. Tudo aquilo que for percebido está certo.

Logo que vim para a prisão, algumas pessoas me aconselharam a tentar esquecer quem eu era. Foi um péssimo conselho, pois só entendendo quem sou é que pude encontrar alguma forma de consolo. Agora outros me aconselham que, ao ser libertado, eu tente esquecer que já estive na prisão. Sei que tal atitude seria igualmente fatal, pois significaria que eu seria perseguido para sempre por uma intolerável sensação de infelicidade e que todas aquelas coisas destinadas a mim, tanto quanto a qualquer outra pessoa – como a beleza do sol e da lua, a sucessão das estações, a música do amanhecer e o silêncio das grandes noites, a chuva caindo sobre as folhas ou o orvalho que se espalha sobre a grama para torná-la prateada –, ficariam envenenadas para mim e perderiam o seu poder de curar e de transmitir alegria. Lamentar as experiências vividas é uma forma de impedir o próprio desenvolvimento. Negá-las é colocar uma mentira nos lábios da própria vida. É nem mais nem menos do que a negação da alma.

Pois assim como o corpo é capaz de absorver toda espécie de coisas, tanto as mais vulgares e impuras quanto aquelas que um sacerdote ou uma visão tenham purificado, convertendo-as em atividade ou força, no movimento de belos músculos e na moldagem da carne mais delicada, nas curvas e cores do cabelo, das pálpebras, dos olhos, assim também a alma possui funções nutritivas e pode transformar em nobres sentimentos e paixões elevadas coisas que seriam, por si mesmas, baixas, cruéis e degradantes. E, mais ainda, pode encontrar nelas suas mais grandiosas formas de afirmação e muitas vezes revelar-se com mais perfeição através daquilo que pretendeu denegrir ou destruir.

Devo aceitar francamente o fato de ter sido um prisioneiro comum numa pensão comum e, por mais curioso que isso possa parecer, uma das coisas que devem ensinar a mim mesmo é não sentir vergonha disso. Devo aceitá-lo como um castigo, e se sentimos vergonha do castigo recebido é como se jamais tivéssemos sido castigados. Naturalmente, muitas das coisas pelas quais fui condenado eu não havia feito, mas é também verdade que fui condenado por muitas das coisas que fiz e que há em minha vida um número ainda maior de atos que pratiquei e dos quais nem sequer fui acusado. E assim como os deuses são seres caprichosos, que nos castigam tanto pelas coisas boas e humanas que temos dentro de nós quanto por aquilo que temos de errado e perverso, devo aceitar o fato de que somos castigados igualmente pelas nossas boas ações e pelos nossos erros, e não tenho dúvida de que é assim que deve ser. Seria bom – ou pelo menos deveria sê-lo – se pudéssemos distinguir as duas coisas e não nos sentíssemos demasiado orgulhosos de nenhuma delas. E se depois de tudo eu não sentir vergonha do meu castigo – como espero não sentir – serei capaz de pensar, caminhar e viver livremente.

Há muitos homens que, ao serem libertados, carregam a prisão dentro de si e a ocultam como uma secreta desgraça em seus corações, até que acabam finalmente por enfiar-se numa cova qualquer para morrer como se fossem pobres animais envenenados. É terrível que se vejam forçados a agir assim e errado, terrivelmente errado, que a sociedade a isso os obrigue. A sociedade, que se arroga o direito de infligir ao indivíduo os mais medonhos castigos, comete também o supremo pecado da negligência ao não perceber as consequências de seus atos. Depois que o homem cumpre a sua sentença, ela o abandona, isto é, ela o deixa entregue à própria sorte no exato momento em que seria seu dever maior zelar por ele. Mas a verdade é que se envergonha de seus próprios atos e despreza aqueles a quem puniu, assim como as pessoas costumam desprezar o credor cuja dívida não tenham como pagar, ou a alguém contra quem tenham cometido um ato irreparável e irredimível. De minha parte, posso afirmar que, se sou capaz de entender o que sofria, a sociedade deveria ser igualmente capaz de entender o quanto me fez sofrer e que entre nós não deveria haver nem ódio nem rancor.

É claro que sei que, sob determinado ponto de vista, para mim as coisas serão bem diferentes do que para muitos outros e que na verdade, pela própria natureza do caso, é natural que assim seja. Sob muitos aspectos, os infelizes ladrões e os marginais que vivem comigo nesta prisão são bem mais felizes do que eu: são bem pequenos os caminhos da cidade cinzenta ou do campo verde que sabem dos erros que cometeram. Não precisam ir muito mais longe do que a distância que um pássaro percorreria entre o alvorecer e a madrugada para encontrar quem desconheça inteiramente o seu passado. Mas para mim o mundo como que encolheu e tem agora o tamanho de uma mão fechada, e, para onde quer que eu olhe, vejo meu nome escrito com chumbo sobre as pedras. Pois eu não surgi do nada para a fama passageira que o crime confere, mas de uma espécie de fama eterna para uma infâmia eterna. Algumas vezes parece-me até que demonstrei – se na verdade houvesse necessidade de demonstrá-lo – que apenas um passo, se tanto, separa a fama da infâmia.

Ainda assim, posso ver alguma vantagem para mim no fato de que as pessoas me reconhecerão aonde quer que eu vá e saberão tudo sobre a minha vida, ou pelo menos sobre as loucuras que cometi, pois isso me obrigará a afirmar-me outra vez como artista tão logo seja possível. E se eu puder produzir uma só bela obra de arte, serei capaz de roubar da malícia o seu veneno, da covardia o sorriso zombeteiro e arrancar pela raiz a língua do desprezo.

E se a vida é para mim um problema – como certamente acontece – eu também não deixo de ser um problema para ela. As pessoas são forçadas a adotar uma atitude qualquer a meu respeito e, ao fazê-lo, estão julgando não apenas a mim, mas a si próprias. Seria inútil dizer que não me refiro aqui a qualquer indivíduo em particular. As únicas pessoas com as quais gostaria de conviver agora seriam os artistas e os que já sofreram, aqueles que conhecem a beleza e o sofrimento – ninguém mais me interessa. Nem estou exigindo que a vida me dê alguma coisa. Em tudo o que disse até agora, minha única preocupação é a minha atitude mental diante da vida como um todo. E acredito que não sentir vergonha de ter sido castigado é uma das primeiras metas a atingir, em benefício do meu próprio desenvolvimento e também por eu ser tão imperfeito.

Depois, é preciso que eu aprenda a ser feliz. Antigamente eu sabia, ou pensava sabê-lo, por instinto. Antigamente era sempre primavera no meu coração. Meu temperamento era sinônimo de alegria. Eu enchia a minha vida de prazer até a borda, como quem enche o seu copo de vinho até a borda. Agora, encaro a vida sob um ponto de vista inteiramente novo e muitas vezes torna-se extremamente difícil para mim até mesmo imaginar a felicidade. Lembro-me de ter lido, no primeiro ano que passei em Oxford, na *Renaissance*, de Pater – esse livro que exerceu uma influência tão estranha sobre a minha vida –, como Dante coloca nos últimos círculos do inferno todos aqueles que vivem voluntariamente tristes, e lembro também de ir até a biblioteca da Universidade para procurar a passagem da *Divina Comédia* onde, sob o lúgubre pântano, jazem aqueles que viviam "taciturnos e sombrios na aragem perfumada", repetindo para todo o sempre, entre suspiros:

"*Tristi fummo*
Nell'aere dolce, che dal sol s'allegra".

Sabia que a Igreja condenava a *accidia,* mas tal ideia parecia-me um tanto fantástica, o tipo do pecado que – eu imaginava – só poderia ter sido inventado por um padre que desconhecesse totalmente a realidade da vida. Nem podia entender como Dante, que afirmou que o "sofrimento nos aproxima de Deus", pudesse ser tão áspero com aqueles que se haviam deixado fascinar pela melancolia – se é que eles realmente existem. Não tinha a menor ideia de que um dia essa viria a tornar-se uma das grandes tentações da minha vida.

Enquanto estive na prisão de Wandsworth, eu só desejava morrer. Era o meu único desejo. Quando, depois de passar dois meses na enfermaria, fui transferido para cá e a minha saúde física começou aos poucos a melhorar, enchi-me de raiva. Decidi suicidar-me no mesmo dia em que saísse da prisão. Mas, depois de algum tempo, aquelas ideias tristes me abandonaram e eu resolvi viver, mas usar a minha tristeza como um rei usa seu manto, jamais voltar a sorrir, transformar cada casa onde entrasse em uma casa de luto; fazer com que meus amigos caminhassem lentamente a meu lado. Compartilhando da minha dor ensinar-lhes que a melancolia é o verdadeiro segredo da vida, mutilá-los com uma dor que não lhes pertencia, perturbá-los com o meu próprio sofrimento. Agora penso de forma inteiramente diferente. Percebo que seria ao mesmo tempo uma ingratidão e uma maldade da minha parte ter sempre um ar tão triste que, quando meus amigos viessem ver-me, fossem obrigados a fazer uma cara ainda mais triste para demonstrar a sua solidariedade; ou se, quando desejasse distraí-los, convidá-los para que sentassem silenciosamente a meu lado e servir-lhes ervas amargas e fúnebres carnes assadas. Devo aprender a ser alegre e feliz.

Nas duas últimas vezes em que me permitiram receber meus amigos, tentei ser tão alegre quanto possível e demonstrar minha alegria, para compensá-los, de alguma forma, pelo incômodo de terem vindo desde a cidade até aqui só para me ver. É uma pequena compensação, bem sei, mas aquela que, tenho certeza, mais os agrada. Recebi sábado, durante uma hora, a visita de Robbie e tentei dar livre expressão ao júbilo que essa visita realmente me causou. E, tendo em vista as ideias e opiniões que estou tentando formar aqui para mim mesmo, isto me é demonstrado, tenho certeza, pelo fato de que agora, pela primeira vez desde o momento da minha prisão, sinto verdadeiramente o desejo de viver.

Há tanta coisa ainda diante de mim que consideraria uma tragédia horrível morrer sem que antes me fosse permitido realizar pelo menos parte do que ainda me resta fazer. Vejo novos progressos, tanto na vida quanto na arte, constituindo-se cada um deles numa nova forma de perfeição. Desejo viver para poder explorar o que é para mim nada menos do que um novo mundo. Quer saber qual é esse novo mundo? Creio que é capaz de adivinhá-lo: é aquele em que tenho vivido – o sofrimento, e tudo aquilo que ele pode ensinar, é o meu novo mundo.

Eu costumava levar uma vida inteiramente voltada para o prazer. Fugia de qualquer espécie de sofrimento ou dor. Odiava a ambos. Decidi ignorá-los tanto quanto possível: isto é, tratá-los como formas de imperfeição. Eles não faziam parte do meu plano de vida. Não havia lugar para eles na minha filosofia. Minha mãe, que conhecia a vida como um todo, costumava recitar para mim os versos de Goethe – escritos por Carlyle num livro que ele lhe havia dado há muitos anos, e suponho que traduzidos por ele também:

"Aquele que nunca comeu seu pão em meio ao sofrimento,
Que nunca passou as horas mortas da noite,
Chorando e esperando o amanhecer,
Não vos conhece, – oh!, poderes celestiais."

Esses foram os versos que aquela nobre Rainha da Prússia, a quem Napoleão tratou com tanta brutalidade, costumava lembrar durante os tempos de humilhação e exílio, eram os versos que minha mãe frequentemente citava nos últimos e atribulados anos de sua vida. Mas eu me recusava terminantemente a aceitar ou admitir a enorme verdade oculta neles. Não podia entendê-la. Lembro muito bem como eu costumava dizer-lhe que não desejava comer meu pão em meio ao sofrimento, ou passar qualquer noite chorando e esperando por um novo dia ainda mais amargo.

Não tinha a menor ideia de que esta seria uma das coisas que as Parcas me reservavam, que durante um ano inteiro da minha vida eu na verdade quase não faria outra coisa. Mas esta foi a sina que o destino me reservou. Depois de terríveis lutas e dificuldades, consegui, durante estes últimos meses, entender algumas das lições que se escondem no âmago da dor. Os pregadores e outras pessoas que costumam usar frases destituídas de bom senso falam às vezes do sofrimento como de um mistério. Mas, na verdade, ele é uma revelação. Através dele percebemos coisas que nunca havíamos percebido antes, encaramos a História sob um ponto de vista inteiramente novo; tudo aquilo que sentíamos vagamente, por instinto, sobre a arte, passa a ser apreendido tanto sob o aspecto emocional quanto intelectualmente com perfeita clareza e intensidade.

O artista está sempre buscando um modo de vida no qual a alma e o corpo sejam uma coisa só, indivisível, em que o exterior seja a expressão do interior e a forma revele tudo. Tais modos existem, e não são poucos. Num determinado momento, a juventude e as artes que se preocupam com a juventude podem nos servir como modelo. Em outro, podemos talvez preferir a ideia de que, na sua sutileza e na sensibilidade de suas impressões, na sua sugestão de um espírito que habita as coisas externas e faz as suas vestes de terra e de ar, de bruma e cidade, indistintamente, a moderna arte do paisagismo, na mórbida afinidade do seu clima, dos seus tons e cores, realiza para nós, pictoricamente, aquilo que os gregos realizavam com tanta perfeição plástica. A música, na qual o tema é absorvido pela forma de expressão e não pode ser separado dela, é um exemplo complexo – e uma flor ou uma criança são um exemplo simples – do que estou tentando dizer, mas o sofrimento é o exemplo fundamental, tanto na arte quanto na vida.

Por trás da alegria e do riso pode esconder-se um temperamento grosseiro, áspero e insensível. Mas por trás do sofrimento há sempre mais sofrimento. Diferente do prazer, a dor não usa máscara. A verdade na arte não é a correspondência entre a ideia essencial e a existência acidental, não é a semelhança entre a forma e a imagem, ou entre a forma refletida no espelho e a própria forma em si; não é o grito que ecoa no vale entre as montanhas, nem o poço de águas prateadas que refletem a imagem da lua para a lua, ou a imagem de Narciso para Narciso. A verdade na arte é a união da coisa com ela mesma, o exterior tornando-se a expressão do interior, a alma revestida de forma humana, o corpo e seus instintos unidos ao espírito. Por essa razão, não há verdade que se compare ao sofrimento. Há momentos em que esta me parece ser a única verdade. Outras coisas podem ser ilusões dos olhos ou do apetite, feitas para cegar um e saciar o outro, mas é o sofrimento que tem construído os mundos, há sempre dor no nascimento de uma criança ou de uma estrela.

Mais do que isso, há no sofrimento uma realidade intensa e extraordinária. Afirmei que eu me situava em relação simbólica com a arte e a cultura do meu tempo. Não há um só desses desditosos homens que habitam comigo este lugar miserável que não se situe em relação simbólica com o próprio segredo da vida. Pois o segredo da vida é o sofrimento. É ele que se oculta atrás de todas as coisas. Quando começamos a viver, tudo que é doce é de tal forma doce e tudo que é amargo é de tal forma amargo que inevitavelmente dirigimos todos os nossos desejos para os prazeres e não procuramos apenas "alimentar-nos de mel por um mês ou dois", mas não queremos provar outro alimento durante a vida inteira, ignorando durante todo esse tempo que, ao fazê-lo, poderemos estar matando a nossa alma de fome.

Lembro de ter discutido este assunto com uma das mais belas personalidades que já conheci, uma mulher cuja simpatia e bondade para comigo, tanto antes quanto depois da tragédia da minha prisão, foram além de qualquer virtude ou descrição. Ela realmente me ajudou, embora nem saiba disso, a suportar o peso da minha desdita, mais do que qualquer outra pessoa no mundo e tudo pelo simples fato de existir, de ser quem era – em parte um ideal, em parte uma influência, uma sugestão do que poderíamos vir a ser, tanto quanto uma verdadeira ajuda para que viéssemos a sê-lo. Ela era uma alma capaz de tornar doce a atmosfera mais vulgar e fazer com que as coisas do espírito parecessem tão simples e tão naturais quanto a luz do sol ou o mar, alguém para quem o sofrimento e a beleza caminham de mãos dadas e têm a mesma mensagem. Na ocasião, lembro-me distintamente de lhe ter dito que em qualquer ruela de Londres havia sofrimento em quantidade suficiente para demonstrar que Deus não gostava do homem e que onde quer que houvesse sofrimento, mesmo que fosse apenas o sofrimento de uma criança que chora num pequeno jardim por uma falta que pode ou não ter cometido, toda a face da criação estaria completamente desfigurada. Eu não tinha razão e foi o que ela me disse, mas não acreditei nas suas palavras. Não havia ainda atingido o nível em que tal crença pode ser alcançada. Agora acredito que a única explicação possível para a extraordinária quantidade de sofrimento que existe no mundo é o amor, seja ele de que espécie for. Não consigo imaginar nenhuma outra explicação. Estou convencido de que não existe outra, e que, se tal como afirmei, o mundo foi feito de sofrimento, ele foi também construído pelas mãos do amor, pois de nenhum outro modo poderia a alma do homem, para o qual o mundo foi criado, atingir a plenitude de sua perfeição. Prazer para o belo corpo, mas dor para a bela alma.

Quando afirmo estar convencido dessas coisas falo com demasiado orgulho. Lá bem longe é possível ver a Cidade de Deus como uma pérola perfeita, tão maravilhosa que dir-se-ia até que uma criança poderia alcançá-la num dia de verão. E talvez pudesse. Mas comigo – e com outros iguais a mim – é diferente. Podemos apreender uma coisa num instante e perdê-la depois, nas longas horas que se sucedem lentamente, com seus pés de chumbo. É tão difícil manter a alma nas alturas que ela é capaz de atingir! Pensamos na eternidade, mas movemo-nos vagarosamente através do tempo; e não é preciso que eu repita aqui como o tempo custa a passar para nós que vivemos na prisão, nem sobre o tédio e o desespero que se esgueiram para dentro das nossas celas e dos nossos corações, com tanta e tão estranha insistência que é preciso enfeitar e varrer a casa para recebê-los, como o faríamos para um hóspede indesejado, um senhor cruel ou um escravo de quem escravos seremos por nossa própria escolha ou por escolha da sorte.

E embora no momento meus amigos possam talvez achar difícil acreditar no que digo, não é menos verdade que para eles que vivem em liberdade na ociosidade e no conforto é mais difícil aprender a lição da humildade do que para mim, que começo o dia de joelhos, lavando o chão da minha cela. A vida na prisão, com suas privações e limitações contínuas, nos torna rebeldes. Pois o mais terrível não é que ela consiga partir os nossos corações – os corações foram feitos para serem partidos – mas que os transforme em pedra. Às vezes sentimos que só com muito descaramento e insolência conseguiremos suportar mais um dia. E todo aquele que vive em estado de rebelião não pode receber a graça – para usar um termo que tanto agrada à Igreja, e com razão, atrevo-me a dizê-lo – pois na arte, tanto quanto na vida, o espírito de revolta fecha os canais da alma e impede a entrada dos ares celestiais. Entretanto, se devo aprender essas lições em algum lugar, que seja aqui e que eu me encha de júbilo se meus pés trilharem a estrada certa e o meu rosto se voltar para o "belo portão", mesmo que eu caia muitas vezes na lama ou me perca na bruma do caminho.

Esta Nova Vida, como meu amor por Dante me faz muitas vezes chamá-la, não é naturalmente uma vida nova mas apenas a continuação da minha antiga vida através do meu desenvolvimento e evolução. Lembro de uma vez, quando estava em Oxford, ter dito a um amigo enquanto caminhávamos certa manhã pelos estreitos caminhos cheios dos cantos de pássaros do Magdalen, um ano antes de deixar a Universidade, que eu desejava provar os frutos de todas as árvores do jardim do mundo, e que deixava Oxford com essa paixão em minha alma. E assim fiz. Meu único erro foi ter me limitado às árvores do que me parecia ser o lado ensolarado do jardim, desprezando o outro lado por ser triste e sombrio. O fracasso, a desgraça, a pobreza, o desespero, o sofrimento, a dor e até mesmo as lágrimas, as palavras entrecortadas que saem dos lábios daqueles que sofrem, o remorso que faz caminhar sobre espinhos, a consciência que condena, a humilhação que castiga, a tristeza que joga cinzas sobre a própria cabeça, a angústia que escolhe vestes de aniagem e derrama fel na água que bebe, todas essas eram coisas que eu temia e, como havia determinado jamais conhecê-las, fui obrigado a provar de cada uma delas, alimentar-me delas e na verdade não conheci outro alimento durante muito tempo.

Não me arrependo por um instante sequer de ter vivido para o prazer. Vivi intensamente, não houve prazer que eu não experimentasse. Joguei a pérola da minha alma dentro de uma taça de vinho. Caminhei por caminhos orlados de prímulas, ao som de flautas. Alimentei-me de favos de mel. Mas continuar naquela vida teria sido um erro, pois ela me limitaria. Eu precisava ir adiante. O outro lado do jardim também tinha segredos para mim. Naturalmente tudo isso é prenunciado e pressuposto em meus livros. Algumas coisas no *Príncipe Feliz*, outras no *Jovem Rei*, especialmente no trecho em que o bispo diz ao jovem ajoelhado diante dele: “Pois não é Aquele que criou o sofrimento mais sábio do que a tua arte?” – algo que, quando o escrevi, pareceu-me pouco mais do que uma simples frase; grande parte aparece no tom sombrio que, tal como um fio púrpura, perpassa a textura de *Dorian Gray*. Em *O Crítico como artista* ele aparece sob várias cores; em *A Alma do Homem sob o Socialismo* está escrito em letras que qualquer um é capaz de ler; é um dos estribilhos cujo tema sempre repetido faz com que *Salomé* se pareça tanto com uma peça musical, dando-lhe a unidade de uma balada; está presente no poema em prosa sobre o homem que teve que fazer com a imagem de bronze do “prazer que só viveu por um instante” a imagem do “sofrimento que durou para sempre”. Não poderia ser de outra forma. Em cada instante da nossa vida, somos sempre tanto aquilo que iremos ser quanto aquilo que já fomos. A arte é um símbolo, porque o homem é um símbolo.

Esta é, até onde posso alcançar, a suprema realização da vida artística. Pois ela é simples autodesenvolvimento. A humildade, num artista, é a sua franca aceitação de todas as experiências, assim como o amor para o artista é simplesmente o sentido da beleza que revela ao mundo seu corpo e sua alma. Em *Marius, o Epicurista,* Pater tenta reconciliar a vida artística com a vida religiosa no sentido profundo, doce e austero do termo. Mas Marius é pouco mais que um mero espectador. Um espectador ideal, é verdade, ao qual foi concedido o dom de "contemplar o espetáculo da vida com as emoções apropriadas", que Wordsworth define como sendo o verdadeiro objetivo do poeta, mas ainda assim um simples espectador e talvez por demais ocupado em contemplar a beleza dos bancos do santuário para perceber que contemplava apenas o refúgio do sofrimento.

Vejo uma conexão bem mais íntima e imediata entre a verdadeira vida de Cristo e a verdadeira vida do artista e sinto um intenso prazer ao pensar que muito antes que o sofrimento tivesse se apossado dos meus dias e me prendido à roda do suplício, eu já tinha escrito em *A Alma do Homem sob o Socialismo* que aquele que vivesse uma vida semelhante à de Cristo deveria ser inteira e absolutamente fiel a si mesmo, e tinha escolhido como meus modelos não apenas o pastor na vertente da colina ou o prisioneiro em sua cela, mas o pintor e o poeta, para os quais o mundo é um espetáculo brilhante, ou uma canção. Lembro que uma vez disse a André Gide, quando conversávamos sentados num café qualquer de Paris, que, embora a metafísica tivesse muito pouco interesse para mim e a moral absolutamente nenhum, não havia nada que Platão ou Cristo tivessem dito que não pudesse ser transposto imediatamente para o âmbito da arte e ali encontrar completa realização.

E não é apenas porque podemos perceber em Cristo aquela união da personalidade com a perfeição, que constitui a verdadeira diferença entre os movimentos clássicos e românticos na vida, mas a própria base da sua natureza era igual à da natureza do artista – uma imaginação intensa, semelhante a uma chama. Ele percebeu, em todos níveis das relações humanas, aquela afinidade imaginativa que, ao nível da arte, é o único segredo da criação. Era capaz de entender a lepra do leproso, a escuridão do cego, a angústia dos que vivem apenas para o prazer, a estranha pobreza dos ricos. Durante uma de nossas crises, você me escreveu dizendo "você não é nada interessante quando desce do seu pedestal". Quão longe estava daquilo que Matthew Arnold chama de "o segredo de Jesus"! Qualquer um dos dois lhe teria ensinado que tudo o que acontece com o outro acontece também conosco. E se desejar uma frase para ler durante a madrugada ou no meio da noite, que sirva tanto para os momentos de prazer quanto para os de sofrimento, escreva nas paredes de sua casa, com letras que o sol possa dourar e a lua pratear, a frase: "Tudo que acontece ao outro, acontece também comigo".

Não há dúvida de que o lugar de Cristo é mesmo junto aos poetas. Toda a sua concepção de humanidade brota diretamente da imaginação e só pode ser realizada através da imaginação. O que Deus era para os panteístas, o homem era para Cristo. Foi ele o primeiro a imaginar as várias raças como uma unidade. Antes dele havia deuses e homens, mas ao perceber através do misticismo da piedade que ambos se haviam encarnado nele, chamou a si mesmo de Filho de Deus ou do Homem, de acordo com seu estado de espírito. Mais do que qualquer outro personagem da História, Cristo desperta em nós aquela inclinação para o fantástico sempre atraída pelo romantismo. Ainda hoje, há para mim algo de quase inacreditável na ideia de que um jovem camponês da Galileia pudesse imaginar que seria capaz de carregar sobre os ombros o peso do mundo, de tudo o que já havia acontecido e do que ainda estava por acontecer, dos pecados de Nero, Cesar Bórgia, Alexandre VI e de Heliogabálus, o Imperador de Roma e Sacerdote do Sol, os sofrimentos de todos aqueles cujos nomes formam legiões e que habitam entre os túmulos, as nações oprimidas, as crianças operárias, os ladrões, os prisioneiros, os párias, os que permanecem calados diante da opressão e cujo silêncio só é ouvido por Deus – e que não apenas tivesse imaginado poder fazê-lo, mas que o conseguisse e de tal forma que agora todos os que entram em contato com sua personalidade, mesmo que talvez não se inclinem diante do seu altar, nem se ajoelhem aos pés do seu sacerdote, descobrem que, de alguma maneira, a fealdade os abandonou e a beleza que existe no seu próprio sofrimento lhes foi revelada.

Disse que Cristo ocupa um lugar entre os poetas e é verdade. Shelley e Sófocles são seus companheiros. Mas a sua própria vida é o mais maravilhoso dos poemas. Pois em matéria de "piedade e terror" não há nada que se lhe compare em todo o ciclo da tragédia grega. A absoluta pureza do protagonista eleva todo o entrecho ao mais alto nível da arte romântica, do qual foram excluídos, pelo seu próprio horror, os sofrimentos de Tebas e o perfil de Pelops. Ele demonstra como Aristóteles estava errado quando afirmou, em seu tratado sobre o drama, que seria impossível suportar o espetáculo do sofrimento de alguém que não tivesse qualquer culpa. Nem em Ésquilo nem em Dante, aqueles austeros mestres da ternura, nem em Shakespeare, o mais humano de todos os grandes artistas, nem em toda a mitologia ou lenda celtas, onde a beleza do mundo é vista através de um véu de lágrimas e a vida do homem vale tanto quanto a vida de uma flor, existe alguma coisa que, pela simplicidade do patético, aliado à grandiosidade do efeito trágico, possa igualar-se e até mesmo aproximar-se do último ato da Paixão de Cristo. A ceia com seus companheiros, um dos quais já o havia traído por um punhado de moedas, a angústia no pequeno e silencioso jardim banhado pelo luar, o falso amigo que se aproxima dele para traí-lo com um beijo, o outro que ainda acreditava nele e sobre o qual, como sobre uma rocha, ele esperava construir uma casa de refúgio para o Homem, negando-o quando o pássaro cantava para o amanhecer; sua absoluta solidão, a submissão total, a aceitação de tudo e, a par disso, cenas tais como a do sacerdote rasgando as suas vestes num ataque de cólera, o magistrado pedindo água na vã esperança de limpar a nódoa de sangue inocente que fez dele uma figura escarlate da história; a cerimônia de coroação do sofrimento, uma das coisas mais belas já registradas na história escrita, a crucificação do Inocente diante dos olhos de sua mãe e do discípulo que ele amava; os soldados lançando os dados para saber com quem ficariam as suas roupas; a morte horrível, através da qual ele deu ao mundo seu mais eterno símbolo; o sepultamento no túmulo do homem rico, o corpo envolto em tiras de linho egípcio embebidas em ricas especiarias e perfumes, como se ele tivesse sido filho de um rei. Quando contemplamos tudo isso exclusivamente sob o aspecto da arte, não podemos deixar de sentir-nos gratos pelo fato de que a suprema função da Igreja devesse ser a encenação da tragédia, sem derramamento de sangue, a representação mística por meio de diálogos, trajes e até mesmo gestos da Paixão do seu Senhor. Sempre é para mim motivo de prazer e espanto lembrar que a sobrevivência do coro grego, que se perdeu como arte em outros locais, deve-se basicamente à manutenção do diálogo entre os fiéis e o sacerdote durante a celebração da missa.

E, no entanto, toda a vida de Cristo – tão completamente podem o sofrimento e a beleza tornar-se uma coisa só, tanto em seu significado quanto na forma de expressão – é na verdade um idílio, embora termine com o véu do templo sendo rasgado, a escuridão descendo sobre a face da Terra e a pedra que rola cobrindo a entrada da sepultura. Sempre pensamos em Cristo como num jovem noivo às vésperas do casamento ao lado de seus companheiros, como na verdade ele próprio se descreveu em algum lugar como um pastor errando pelo vale com suas ovelhas à procura de pastagens verdes e de um riacho de águas claras, ou como um cantor tentando construir com sua música os muros da Cidade de

Deus ou como um amante para cujo amor o mundo fosse demasiado pequeno. Seus milagres parecem algo tão belo e tão natural quanto a chegada da primavera. Não encontro nenhuma dificuldade em acreditar que tal era o encanto da sua personalidade que sua simples presença podia levar a paz às almas atormentadas, que aqueles que tocavam suas vestes ou suas mãos esqueciam todas as suas dores ou que, quando ele passava pela estrada, gente que nunca tinha percebido antes o mistério da vida passava a entendê-lo claramente e outros, que haviam permanecido surdos a qualquer outra voz que não a do prazer, ouviam pela primeira vez a voz do amor e descobriam ser ela "tão musical quanto o alaúde de Apolo"; que as paixões perversas fugiam à sua aproximação; que homens cujas vidas tediosas e destituídas de imaginação não tinham sido mais do que uma forma de morte levantavam-se como se da tumba ao seu chamado; que quando ele pregava na encosta da colina, a multidão esquecia a fome, a sede e as dores do mundo; que, para os amigos que sentavam a seu lado e compartilhavam da sua comida, a carne grosseira parecia iguaria delicada, a água tinha gosto de vinho e toda a casa se enchia do odor e da doçura do nardo.

No seu livro *A Vida de Jesus* – o Quinto Evangelho, o Evangelho segundo São Tomás, como poderíamos chamá-lo –, Renan nos diz que a maior realização de Cristo foi ter se feito amar depois de morto tanto quanto fora amado em vida. E não há dúvida de que, se o seu lugar está entre os poetas, ele é o maior de todos os amantes. Ele percebeu que o amor era o primeiro segredo do mundo, o segredo que os homens sábios procuravam e que só através do amor era possível chegar ao coração do leproso ou aos pés de Deus.

E, acima de tudo, Cristo é o supremo individualista. A humildade como a aceitação artística de todas as formas de experiência é apenas um tipo de manifestação. O que Cristo procura sempre é a alma do homem. Ele a chama de "Reino de Deus" e a encontra em todos nós. Ele a compara às pequenas coisas, a uma sementinha, um punhado de levedo, uma pérola. Isto porque só podemos perceber a nossa alma se nos libertarmos de todas as paixões estranhas, toda a cultura adquirida, todas as possessões externas, quer sejam elas boas ou más.

Eu resisti a tudo com uma certa dose de teimosia e um espírito rebelde, até que nada mais me restava no mundo, salvo uma coisa. Havia perdido meu nome, minha posição, a felicidade, a liberdade, a riqueza. Era um prisioneiro e um mendigo. Mas ainda tinha meus filhos. De repente, eles me foram tomados por força da lei. Foi um golpe tão terrível que fiquei sem saber o que fazer e prostrei-me de joelhos, curvei a cabeça e chorei, exclamando: "O corpo de uma criança é como o corpo do Senhor, eu não mereço nenhum dos dois". Aquele momento pareceu salvar-me. Percebi então que a única coisa a fazer seria aceitar tudo. Desde então – embora possa sem dúvida parecer estranho – sou mais feliz. Naturalmente, naquele instante eu conseguira alcançar a própria essência da minha alma. Quando conhecemos a nossa alma, tornamo-nos simples como crianças, tal como Cristo ensinou que deveríamos ser.

É trágico ver quão poucas pessoas chegam a "possuir suas próprias almas" antes de morrer. "Nada é mais raro num homem" – diz Emerson – "do que um ato independente". E é verdade. A maior parte das pessoas são outras pessoas. Seus pensamentos são os pensamentos dos outros, suas vidas são uma imitação de outras vidas, suas paixões, citações de um texto já lido. Cristo não foi apenas o supremo individualista, mas o primeiro individualista da História. Tentaram fazer dele um filantropo vulgar igual a tantos outros, ou colocá-lo ao lado dos sentimentais e dos espíritos não científicos, como se tivesse sido apenas um simples altruísta. Mas na verdade ele não era nem uma coisa nem outra. Sentia compaixão pelos pobres, por aqueles que viviam encarcerados nas prisões, pelos humildes, pelos miseráveis, mas tinha muito mais pena dos ricos, dos hedonistas, daqueles que perdem a liberdade, escravos das coisas materiais, dos que usam ricas vestes e vivem em casas dignas de reis. Para ele, riqueza e prazer pareciam tragédias bem maiores do que a pobreza e o sofrimento. E quanto ao altruísmo, quem melhor do que ele sabia que não é a vontade e sim a vocação que nos define e que é impossível colher uvas nos espinheiros ou figos nos cardos?

Sua doutrina não exigia que vivêssemos para os outros como um objetivo definido e consciente. Não era essa a sua característica básica. Quando ele nos diz: "Perdoa os teus inimigos", não está pensando no bem do inimigo, mas no nosso próprio bem, porque o amor é mais belo do que o ódio. Mesmo quando disse ao jovem: "Vende tudo aquilo que possuis e distribui o dinheiro entre os pobres", não era nos pobres que pensava mas na alma do jovem, naquela alma que a riqueza estava destruindo. Na sua visão da vida ele se iguala ao artista, pois ambos sabem que, pela inevitável lei do autodesenvolvimento, o poeta deve cantar, o escultor exprimir-se no bronze e o pintor fazer do mundo um espelho dos seus estados de alma, assim como o espinheiro deve florescer na primavera, o milho dourar na época da colheita e a lua, em suas peregrinações, passar de foice a escudo e de escudo a foice.

Mas embora não tenha jamais dito aos homens "Vivam para os outros", Cristo nos fez entender que não há a menor diferença entre a vida do outro e a nossa própria vida. Por esse meio, ele ampliou a personalidade do homem, dando-lhe as dimensões de um Titã. Desde a sua vinda, a história de cada indivíduo isolado é – ou pode vir a ser – a história do mundo. É claro que a cultura intensificou também a personalidade do homem. A arte deu mil novas facetas à nossa mente. Aqueles que possuem um temperamento artístico vão para o exílio com Dante e aprendem como o sal pode ser o pão dos outros e quão mais íngremes podem ser os degraus que eles são obrigados a subir, eles captam por um instante a serenidade e a calma de Goethe e no entanto conseguem entender até bem demais o que Baudelaire gritou para Deus:

"O Seigneur, donnez-moi la force et le courage
De contempler mon corps et mon coeur sans dégoût".

Retiram dos sonetos de Shakespeare, talvez para sua própria mágoa, o segredo do amor e tornam seu esse segredo. Passam a encarar a vida com novos olhos, pois ouviram os noturnos de Chopin, ou manusearam as obras gregas, ou leram a história da paixão de um homem já morto por uma mulher também morta cujos cabelos eram como fios de ouro e a boca igual a uma romã. Mas a simpatia do temperamento artístico vai necessariamente para tudo aquilo que encontrou uma forma de expressão. Seja em palavras ou cores, em notas musicais ou em mármore, por trás das máscaras pintadas dos personagens de uma peça de Ésquilo, ou através dos entalhes que ornamentam a flauta rústica de um camponês siciliano, é preciso que o homem e a sua mensagem sejam revelados.

Para o artista, a expressão é a única forma através da qual ele é capaz de imaginar a vida. Para ele, tudo o que está mudo, está morto. Mas Cristo não pensava assim. Com aquela imaginação ampla e prodigiosa que nos enche de espanto, ele tomou o mundo daqueles que não sabiam expressar-se – o mundo sem voz do sofrimento – como seu reino e tornou-se o seu porta-voz. Escolheu como irmãos aqueles de quem já falei: os que permanecem mudos diante da opressão, aqueles cujo "silêncio é ouvido apenas por Deus". Procurou tornar-se os olhos do cego, os ouvidos do surdo, o grito na boca daqueles cujas línguas haviam sido tolhidas. Seu desejo era ser como uma trombeta, através da qual os milhares incapazes de articular um pensamento pudessem clamar pelo paraíso. E sentindo – com o temperamento artístico de quem vê no sofrimento e na dor meios para atingir a sua própria concepção de belo – que uma ideia não tem nenhum valor até que ganhe formas e se transforme em imagem, fez de si mesmo a imagem do sofrimento e como tal fascinou e dominou a arte como nenhum grego conseguira jamais fazer.

Pois a verdade é que os deuses gregos, apesar da perfeição de seus membros belos e velozes, não eram o que pareciam ser. A curva sobrancelha de Apolo parecia o disco do sol sobre a colina ao amanhecer e seus pés eram como as asas da manhã, mas ele próprio foi cruel para Marsyas e tornou Niobe estéril. Nos escudos de aço dos olhos de Atenas não havia piedade para Aracne. A pompa e os pavões de Hera foram a única coisa nobre que possuiu, e mesmo o Pai dos Deuses gostava demais das filhas dos homens. As duas figuras mais profundamente sugestivas da mitologia grega eram, na religião, Demetria – uma deusa da Terra, que não figurava entre os habitantes do Olimpo – e, na arte, Dionísio, filho de uma mortal para quem o momento do nascimento do filho provara ser também o da própria morte.

Mas a Vida produziu alguém que, surgindo entre as camadas inferiores e modestas, provou ser mais admirável do que a mãe de Proserpina ou do que o filho da Semela. Das oficinas de um carpinteiro de Nazaré surgiu uma personalidade infinitamente maior do que qualquer outra que já houvesse sido criada em mitos ou lendas, uma personalidade cujo destino – por estranho que possa parecer – seria revelar ao mundo o significado místico do vinho e a verdadeira beleza dos lírios do campo, como jamais ninguém o havia feito, quer em Citaron ou em Ena.

A canção onde Isaías diz: "Desprezado e rejeitado pelos homens, Ele é um homem que sofre e conhece a dor e diante dele nós como que ocultamos nossos rostos", parecera-lhe pressupor a si mesmo. Nela a profecia se havia cumprido. Não devemos temer essa frase, pois assim como cada obra de arte é a realização de uma profecia, a transformação de uma ideia em imagem, assim também cada ser humano deveria ser a realização de uma profecia, a concretização de um ideal, seja na mente de Deus ou do Homem. Cristo descobriu o modelo e aperfeiçoou-o, e assim o sonho de um poeta virgiliano que viveu em Jerusalém ou na Babilônia tornou-se realidade muitos séculos depois, naquele pelo qual o mundo "esperava". "Seu semblante era diferente do de qualquer outro homem e sua estatura maior do que a dos filhos dos homens" – tais foram alguns dos sinais que Isaías observou como sendo aqueles que distinguiam o novo ideal e, tão logo a arte conseguiu entender o que ele quisera dizer, abriu-se como uma flor diante daquele ser no qual a verdade na arte era expressa como nunca o fora antes. Pois, como já afirmei, não é a verdade na arte "aquilo em que o exterior é a expressão do interior, a alma é feita carne e o corpo, instinto dotado de espírito, através do qual a forma é revelada"?

É para mim um dos fatos mais lamentáveis da história não terem permitido que o renascimento de Cristo, que produziu a Catedral de Chartres, o ciclo de Lendas do Rei Artur, a vida de São Francisco de Assis, a arte de Giotto, e *A Divina Comédia*, de Dante, tivesse seguido seu próprio curso, mas fosse interrompido e arruinado pelo enfadonho Renascimento Clássico, que nos deu Petrarco, os afrescos de Rafael, a arquitetura Paladiana, a rígida tragédia francesa, a Catedral de São Paulo, a poesia de Pope, e tudo mais que é feito a partir do exterior, segundo regras já mortas e que não vêm de dentro, através de algum espírito que o inspire. Mas onde quer que haja um movimento romântico na arte, lá estará também, de alguma maneira e sob alguma forma, Cristo ou a Alma de Cristo. Ele pode ser encontrado em *Romeu e Julieta*, nos *Contos de Inverno*, na poesia provençal, no *Velho Marinheiro*, na *Belle Dame sans merci* e na *Balada da Caridade* de Chatterton.

Devemos a Ele as coisas e as pessoas mais diversas: *Os Miseráveis*, de Vitor Hugo; *As Flores do Mal*, de Baudelaire; o tom de piedade das novelas russas; Verlaine e os poemas de Verlaine; os vitrais, as tapeçarias e as obras de arte do *quattrocento* de Burne-Jones e Morris pertencem a ele tanto quanto a torre de Giotto, Lancelot e Guinevere, Tannhäuser; os atormentados mármores de Miguelangelo, a arquitetura de ogivas e o amor pelas flores e pelas crianças – para as quais, na verdade, sempre houve tão pouco lugar na arte clássica que elas mal podiam brincar e desenvolver-se. Mas desde o século

XII até os nossos dias, ambas têm figurado constantemente na arte sob as mais variadas formas e nas épocas mais diversas, surgindo sempre irrequietas e teimosas como costumam fazer as crianças e as flores. Pois, aos nossos olhos, a primavera parece ser a época em que as flores antes escondidas surgem finalmente à luz do sol, temendo que os adultos, cansados de procurá-las, acabem por desistir da busca, e a vida das crianças não sendo mais do que um dia de abril em que o sol brilhe e a chuva caia para os narcisos.

É o dom da imaginação, inerente à própria natureza de Cristo, que faz dele o centro vibrante do romantismo. As estranhas personagens dos dramas poéticos e das baladas foram criadas pela imaginação dos outros, mas Jesus de Nazaré criou a si mesmo. Na verdade, o grito de Isaías teve tanto a ver com a sua vida quanto o canto do rouxinol tem a ver com o aparecimento da lua – não mais, embora talvez não menos... Cristo era, ao mesmo tempo, a negação e a afirmação da profecia. Para cada esperança que realizava, havia outra que destruía. Bacon dizia que "toda beleza tem sempre uma harmonia singular" e ao falar naqueles que nascem do espírito, isto é, naqueles que tal como ele são forças dinâmicas, Cristo diz que "são como o vento, que sopra onde lhe agrada e nenhum homem pode dizer quando vem, de onde vem e para onde vai". Por isso Cristo é tão fascinante para os artistas: ele possui todos os elementos da vida – mistério, singularidade, patético, sugestão, êxtase, amor. Ele invoca nossa inclinação pelo fantástico, criando em nós um estado de espírito singular, o único que nos torna aptos a entendê-lo.

E é para mim motivo de alegria lembrar que, se ele é um "perfeito produto da imaginação", o próprio mundo é feito da mesma substância. No *Retrato de Dorian Gray* afirmei que os grandes pecados do mundo só acontecem no cérebro, é no cérebro que tudo acontece. Sabemos agora que ninguém vê com os olhos, nem ouve com os ouvidos. Eles servem apenas como meros condutos para a transmissão, exata ou imperfeita, das impressões dos sentidos. É no cérebro que a papoula é vermelha, a maçã é cheirosa e a cotovia canta.

Nos últimos tempos, venho estudando diligentemente os quatro poemas em prosa sobre Cristo. No Natal, consegui obter um Novo Testamento grego e todas as manhãs, depois de limpar minha cela e polir meus pratos de metal, leio um pouco do Evangelho, doze versículos escolhidos ao acaso. É uma deliciosa maneira de começar o dia. Todos deveriam fazer o mesmo, até aqueles que levam uma vida turbulenta e indisciplinada. A incessante repetição arruinou para nós a frescura, a ingenuidade, o encanto simples e romântico dos Evangelhos. Eles nos são lidos com demasiada frequência e quase sempre muito mal. Além disso, toda a repetição é antiespiritual. Quando retornamos aos gregos, é como se tivéssemos saído de uma casa acanhada e escura para um jardim cheio de lírios.

E para mim o prazer é duplicado pela ideia de que é extremamente provável que o que estou lendo agora seja a reprodução exata das palavras – *ipsíssima verba* – que Cristo usou. Sempre se supôs que o idioma de Cristo fosse o aramaico, até Renan acreditava nisso. Mas agora sabemos que, tal como os camponeses irlandeses dos nossos dias, os camponeses da Galileia eram também bilíngues e que o grego era o idioma comumente usado em toda a Palestina, como aliás em todo o mundo oriental. Nunca me agradou a ideia de que só conhecêssemos as palavras de Cristo através de uma tradução de uma tradução. É delicioso saber que Charmides poderia tê-lo ouvido, Sócrates teria discutido com ele e Platão tê-lo-ia entendido; que ele realmente disse εγω ειμι ο ποιμην ο καλοζ, que quando pensou nos lírios do campo e em como eles não fiam nem labutam ele usou a expressão: καταμαθετε τα κρινα του αγρον πϖζ ανζαυει. ον κοπια ονδε νηθει, e que suas últimas palavras, quando gritou: "Minha vida foi completada, realizada, aperfeiçoada" foi exatamente como São João disse ter sido: τετελεοται – e nada mais.

E embora quando leia os Evangelhos – especialmente o do próprio São João, ou quem quer que tenha sido aquele entre os primeiros agnósticos que tomou seu nome e seu manto – eu veja a afirmação constante de que a imaginação é realmente a base de toda a vida material e espiritual, vejo também que para Cristo a imaginação era simplesmente uma forma de amor, e que para ele o amor era soberano, na total extensão da palavra. Há cerca de seis semanas, o médico permitiu que eu comesse pão branco em vez do grosseiro pão preto que servem na prisão. É uma iguaria deliciosa. Talvez pareça estranho que alguém possa considerar um pedaço de pão seco uma fina iguaria, mas para mim ele é de tal forma delicioso que ao fim de cada refeição recolho e devoro cuidadosamente todas as migalhas que possam ter caído no meu prato de estanho ou sobre o pedaço de tecido áspero que usamos como toalha para não sujar a mesa. E não o faço porque tenha fome – pois agora recebo comida suficientemente – mas simplesmente para não desperdiçar nada daquilo que me foi dado. E é assim que deveríamos fazer também com o amor.

Como todas as personalidades fascinantes, Cristo tinha não apenas o poder de dizer coisas maravilhosas como o poder de fazer com que as pessoas lhe dissessem coisas maravilhosas. Amo a história que São Marcos nos conta sobre a mulher grega – a γυνη'Ελληνιζ – que respondeu, quando – para testar sua fé – Cristo lhe disse que não lhe poderia dar o pão dos filhos de Israel, que os cãezinhos (κυναρια, "cãezinhos" devem ser dignos de pena) que ficam embaixo da mesa comem as migalhas que as crianças deixam cair. A maior parte das pessoas vive *para* ser amada e admirada, mas é *pelo* amor e pela admiração que devemos viver. Se alguém nos demonstra amor, devemos reconhecer que não o merecemos. Ninguém merece ser amado. O fato de que Deus ama o homem nos prova que na divina ordem das coisas ideais está escrito que o amor eterno deve ser dado àqueles que são eternamente indignos dele. Ou, se essa frase é amarga demais para que possa suportá-la, digamos que todos merecem ser amados, exceto aqueles que julgam merecê-lo. O amor é um sacramento que deveria ser recebido de joelhos, e *Domine, non sum dignus* deveria estar nos lábios e nos corações daqueles que o recebem.

Se algum dia eu voltar a escrever, isto é, a criar uma obra artística, há apenas dois temas sobre os quais e através dos quais desejaria expressar-me: um é "Cristo, como precursor do movimento romântico na vida"; o outro é "A vida artística considerada em relação à conduta". O primeiro parece-me realmente fascinante, pois vejo em Cristo não apenas as características essenciais ao supremo modelo romântico, como todos os elementos não essenciais e até mesmo a obstinação característica de todo o temperamento romântico. Ele foi a primeira pessoa a dizer que os homens deveriam viver vidas como as das flores. Ele ajustou a frase. Tomou as crianças como exemplo daquilo que as pessoas deveriam tentar ser. Ele as apontava como exemplo para os adultos, algo que eu mesmo sempre considerei como sendo a principal função das crianças, se é que coisas perfeitas devam ter uma função. Dante descreveu a alma do homem como alguma coisa que surgiu das mãos de Deus, "chorando e rindo como uma criancinha", e Cristo também percebeu que a alma de cada um deveria ser a *guisa di fanciulla che piangendo e ridendo pargoleggia*. Ele acreditava que a vida era algo mutável, fluido, ativo, e que permitir que se tornasse estereotipada seria a morte. Entendeu também que as pessoas não deveriam preocupar-se demais com as coisas materiais, que o fato de não ter senso prático poderia ser uma qualidade, que ninguém deveria pensar demais nos seus próprios problemas. Se os pássaros não se preocupam, por que deveria o homem preocupar-se? Ele é encantador quando diz: "Não pense no amanhã, pois não é a *alma* mais do que carne? Não é o *corpo* mais do que mera indumentária?". Um grego poderia ter dito essa última frase, tão cheia de uma sensibilidade tipicamente grega. Mas só Cristo poderia ter pensado em ambas e através delas resumir para nós o que é a vida de uma forma tão perfeita.

Sua ética é toda compaixão, como deveria ser toda a ética. Se a única frase que tivesse dito fosse: "Seus pecados lhe foram perdoados porque muito amou" – já teria valido a pena morrer para dizê-la. Sua justiça é uma justiça poética, como deveria ser toda a justiça. O mendigo vai para o céu por ter sido infeliz na Terra – e eu não posso imaginar uma razão melhor para enviá-lo para lá. Aqueles que trabalham durante uma hora nos vinhedos ao ar fresco do entardecer recebem a mesma recompensa do que outros que labutaram o dia inteiro sob o sol quente. E por que não? É provável que nenhum deles merecesse recompensa. Ou talvez fossem um tipo de gente diferente. Cristo não tinha muita paciência com sistemas insensíveis e mecânicos que tratam os seres humanos como meros objetos e, desse modo, tratam a todos da mesma maneira: para ele não havia regras, mas apenas exceções – como se pudesse haver duas pessoas ou duas coisas exatamente iguais neste mundo!

Aquilo que se constitui na própria ideia fundamental da arte romântica era para ele a base apropriada para a vida natural. Ele não conseguia ver outra. E quando trouxeram à sua presença alguém que havia sido apanhado no ato de pecar e lhe mostraram a sentença que ela havia recebido, perguntando-lhe o que deveria ser feito, Cristo começou a escrever na terra com o dedo, como se não os tivesse ouvido. Quando finalmente insistiram, ergueu os olhos e disse: "Quem aquele entre vós que jamais tenha pecado, atire a primeira pedra". Valeu a pena ter vivido para dizer tal frase.

Como todo aquele dotado de uma índole poética, Cristo amava os ignorantes, pois sabia que na alma do ignorante há sempre lugar para uma grande ideia. Mas não suportava os estúpidos, especialmente aqueles que a educação tornara ainda mais estúpidos: gente cheia de opiniões e que não consegue entender uma só delas, um tipo de gente particularmente moderna, que Cristo resumiu bem quando descreveu como o tipo da pessoa que possui a chave do conhecimento, não sabe como usá-la nem permite que outras pessoas a utilizem, embora com ela pudessem abrir as portas do Reino dos Céus. Sua principal luta era contra os filisteus. Essa é a luta que todo o Filho da Luz deve travar. O filistinismo era a marca característica da época e da comunidade em que Cristo viveu. Na sua densa insensibilidade diante de qualquer ideia nova, na obtusa respeitabilidade, na tediosa ortodoxia, na adoração ao sucesso, na excessiva preocupação com os aspectos materiais e grosseiros da vida, na ridícula opinião que faziam de si e do seu próprio valor, os judeus que viviam em Jerusalém à época de Cristo eram a réplica exata dos filisteus ingleses do nosso tempo. Cristo desdenhava da hipocrisia da respeitabilidade e fixou essa frase para sempre. Ele tratava o sucesso como algo que deveria merecer o mais absoluto desprezo. Não via nele nenhum mérito. Considerava a riqueza como um estorvo. Não admitia a ideia de que se pudesse sacrificar vidas humanas em nome de qualquer sistema ético ou filosófico. Afirmava que rituais e cerimônias haviam sido criados para o homem e não o inverso. E tomou a guarda do sábado como exemplo das coisas que deveriam ser desafiadas. Denunciou com absoluto e incansável desdém a filantropia sem entusiasmo, a caridade ostensiva, o tedioso formalismo tão ao gosto da classe média. Aquilo a que chamamos de ortodoxia não é mais do que uma aquiescência condescendente e destituída de inteligência mas, para eles e em suas mãos, ela passava a ser uma forma de tirania terrível e paralisante. Cristo a desprezava. Ele observava que só o espírito tinha valor. Sentia intenso prazer em mostrar-lhes que, embora estivessem sempre lendo as leis e os profetas, não tinham realmente a menor ideia do significado de ambos. Em oposição à ideia de dividir cada dia numa rotina inflexível de deveres predeterminados, tal como dividiam a arruda e a hortelã, Cristo pregava que vivessem totalmente para o momento presente.

Todos aqueles que Cristo salvou foram salvos pelos belos momentos que tiveram em suas vidas. Ao vê-lo, Maria Madalena quebra o precioso vaso de alabastro que havia recebido de um dos seus sete amantes e derrama as fragrâncias perfumadas sobre seus pés cansados e cobertos de pó, e graças àquele instante ganha um lugar no céu ao lado de Rute e de Beatriz. Tudo que Cristo nos diz à guisa de advertência é que cada momento deve ser belo, que a alma deve estar sempre pronta para receber o noivo, sempre à espera da voz do amante, pois o filistinismo é apenas aquele lado da natureza humana que não foi iluminado pela imaginação. Ele vê todas as belas influências da vida como formas de luz. A própria imaginação é o mundo da luz – é ela que faz o mundo – e, no entanto, ele não consegue entendê-la porque a imaginação é simplesmente uma manifestação de amor e são o amor e a capacidade de amar que distinguem um ser humano do outro.

Mas é quando trata com o pecador que Cristo se revela mais romântico, isto é, mais realista. O mundo sempre amou os santos por ver neles a coisa mais próxima à perfeição de Deus. Por algum divino instinto, Cristo parece ter amado o pecador por ver nele a coisa mais próxima à perfeição do homem. Seu principal objetivo não era nem reformar as pessoas nem aliviar o sofrimento, ele não desejava transformar um ladrão interessante num homem honesto e aborrecido, não teria apreciado a Sociedade de Auxílio aos Encarcerados ou qualquer outro movimento desse tipo, nem teria considerado a conversão de um publicano em fariseu como um grande feito. Mas, de uma forma que o mundo ainda não chegou a entender, considerava o pecado e o sofrimento como sendo, por si mesmos, coisas belas e sagradas, como formas de perfeição.

Parece ser uma ideia perigosa – e realmente é: todas as grandes ideias são perigosas. É por isso que a doutrina de Cristo não admite dúvidas. E eu mesmo não duvido que ela seja realmente a única doutrina verdadeira.

É claro que o pecador deve arrepender-se. Mas por quê? Simplesmente porque, de outra forma, ele não conseguiria entender o seu erro. O momento do arrependimento é o momento da iniciação. Mais do que isso: é o meio através do qual podemos alterar nosso passado. Os gregos não acreditavam nisso e muitas vezes o afirmaram nos seus aforismos gnômicos: "Nem mesmo os deuses conseguem alterar o passado", diziam. Mas Cristo provou que até o mais vulgar dos pecadores pode fazê-lo, sendo essa, na verdade, a única coisa que ele é capaz de fazer. Estou certo de que, se lhe tivessem perguntado, Cristo diria que, no instante em que o filho pródigo caiu de joelhos e chorou, ele transformou o fato de ter perdido todos os seus bens com as meretrizes, ter sido guardador de porcos e cobiçado as palhas de milho e as vagens que estes comiam, num dos mais belos e sagrados monumentos da sua vida. Porém, a maioria dos homens não consegue entender essa ideia. Atrevo-me até a dizer que é preciso viver na prisão para entendê-la. E se isso for verdade, talvez até valha a pena ter vindo para cá.

Há qualquer coisa de tão extraordinário em Jesus. Naturalmente que, assim como existem falsos alvoreceres antes do verdadeiro, e dias de inverno tão cheios de súbita luminosidade que conseguem enganar até mesmo o sábio crócus, fazendo com que este desperdice seu ouro antes do tempo e que um pássaro tolo chame seu companheiro para que construam seu ninho no galho oco de uma árvore seca, assim também existiam cristãos antes de Cristo, e devemos ser gratos por isso. A desgraça é que não tenha surgido mais nenhum depois dele. Faço uma exceção: São Francisco de Assis. Mas a esse Deus dotou, no instante do nascimento, de uma alma de poeta e ele próprio, quando ainda bem jovem, tomou a pobreza por esposa num casamento místico. Assim, possuindo, ao mesmo tempo, a alma de um poeta e o corpo de um mendigo, não lhe foi difícil trilhar o caminho da perfeição. Ele entendia Cristo e tornou-se igual a Ele. Não é preciso ler o *Liber Conformitatum* para saber que a vida de

São Francisco de Assis foi a verdadeira *Imitatio Christi*, um poema comparado ao qual o livro do mesmo nome é apenas uma obra em prosa. E na verdade, quando tudo está dito, esse parece ser o encanto maior de Cristo: ele é como uma obra de arte. Não chega a ensinar-nos nada, mas quando trazidos à sua presença acabamos por nos tornar alguma coisa. E todos estão fadados à sua presença: pelo menos uma vez na vida, cada um de nós caminha para Emaús ao lado de Cristo.

Quanto ao outro tema, a *Relação da Vida Artística com a Conduta*, você julgará sem dúvida estranho que eu o tenha escolhido. As pessoas costumam apontar para a Prisão de Gaol dizendo: "É para lá que a vida artística acaba sempre por levar os homens". Pois bem, ela poderia levá-los para lugares bem piores. Pois os calculistas, aqueles que veem a vida como um jogo de astúcia que depende de uma cuidadosa avaliação de modos e meios, sempre sabem para onde estão indo e conseguem chegar lá. Eles começam com o ideal de ser o bedel da paróquia e, seja qual for a classe social a que pertençam, conseguem atingi-lo. Tornam-se bedéis da paróquia e nada mais do que isso. Um homem cujo único objetivo seja tornar-se um membro do parlamento, um bem-sucedido comerciante de secos e molhados, um advogado famoso, um juiz ou qualquer outra coisa igualmente enfadonha, sempre consegue realizá-lo. E esse é o seu castigo: aqueles que sonham com uma máscara são condenados a usá-la.

Mas quando se trata das forças dinâmicas da vida e daqueles que personificam essas forças, tudo se torna mais difícil. As pessoas que desejam apenas atingir a autorrealização jamais sabem para onde estão indo. Nem podem sabê-lo. Num certo sentido, o oráculo tinha razão quando afirmou que o importante é conhecer-se a si mesmo. Essa é a primeira meta do conhecimento. Mas reconhecer que a alma do homem é incognoscível é o objetivo supremo da sabedoria. O mistério final somos nós mesmos. Quando tivermos conseguido pesar o sol na balança e medido os degraus da lua e desenhado o mapa dos sete céus, estrela por estrela, ainda restaremos nós. Quem pode calcular a órbita da própria alma? Quando o filho saiu em busca dos bens de seu pai, ignorava que encontraria um sacerdote à sua espera com a própria crisma da coroação e que a sua alma já era a alma de um rei.

Espero viver ainda muito tempo e criar obras tão importantes que no fim da minha vida eu possa dizer: "Sim!, é exatamente para um lugar assim que a vida artística pode levar um homem!". Duas das vidas mais perfeitas que conheci foram as vidas de Verlaine e do Príncipe Kropotkin: ambos homens que passaram anos na prisão. O primeiro foi o grande poeta cristão depois de Dante; o outro, um homem que possuía a alma daquele belo Cristo Branco que parece ter vindo da Rússia. E durante esses sete ou oito últimos meses, apesar da sucessão quase ininterrupta de problemas que me atingiram vindos do mundo exterior, entrei em contato direto com um novo espírito que atua nesta prisão através dos homens e das coisas e que me ajudou mais do que eu jamais seria capaz de expressar em palavras. De modo que, enquanto no meu primeiro ano de prisão eu não fiz outra coisa além de retorcer as mãos num desespero impotente e repetir: "Que fim! Que terrível fim!", agora tento dizer a mim mesmo – e às vezes, quando não estou demasiado torturado, chego a dizê-lo com sinceridade – "Que começo! Que maravilhoso começo!" E pode ser que seja realmente um começo, ou que possa vir a sê-lo. Se tal acontecer, deverei agradecer a essa nova personalidade que mudou a vida de todos os homens que aqui vivem.

Talvez possa entender o que acabo de afirmar quando eu lhe disser que, se tivesse sido libertado em maio como tentei ser, sairia daqui odiando este lugar e a todos os policiais que aqui vivem, com um ódio tão amargo que ele teria acabado por envenenar a minha vida. Passei mais um ano na prisão, mas a humanidade também estava aqui conosco. Agora, ao sair, lembrarei sempre dos gestos de bondade que recebi de quase todos os que aqui vivem e, no dia da minha libertação, terei muita gente a quem agradecer e a quem pedir que, por sua vez, também não se esqueça de mim.

O sistema penitenciário está total e absolutamente errado. Daria qualquer coisa para alterá-lo quando saísse daqui. Pretendo tentar. Mas não existe nada tão errado neste mundo que o espírito de humanidade, que é também o espírito do amor, o espírito daquele Cristo que não está apenas nas igrejas, não possa tornar, se não certo, pelo menos possível de suportar sem demasiado ódio no coração.

Sei também que há muitas coisas deliciosas a minha espera lá fora. Desde aquilo que São Francisco de Assis chama de "irmão vento e irmã chuva", ambos tão encantadores, até as vitrines e os crepúsculos das grandes cidades. Se fizesse uma lista de tudo que ainda me resta não saberia onde parar, pois na verdade Deus fez o mundo tanto para mim quanto para todos os homens. Talvez eu saia daqui com algo que não possuía antes. Não é preciso que eu lhe diga que para mim qualquer tipo de reforma moral é tão inútil e vulgar quanto a reforma religiosa. Mas enquanto que propor-se conscientemente a ser um novo homem é apenas uma hipocrisia anticientífica, tornar-se um homem mais sincero é um privilégio daqueles que sofreram. E é exatamente isso que eu espero ter me tornado.

Se depois que eu estiver livre um amigo oferecer uma festa e não me convidar, não me importarei nem um pouco. Posso sentir-me completamente feliz sozinho. Tendo a liberdade, flores, livros e a lua, quem não seria? Além disso, as festas já não me agradam mais: ofereci festas demais para continuar gostando delas. Esse lado da vida acabou para mim e, se me atrevo a dizê-lo, foi uma sorte que isso tivesse acontecido. Mas se depois que eu estiver livre um amigo meu tiver a porta de sua casa enlutada, eu voltarei várias vezes suplicando que me deixe entrar para que eu possa compartilhar de tudo aquilo a que tenho direito. E se ele me julgar indigno de chorar com ele, eu sentirei como se me tivessem infligido a mais dolorosa das humilhações, a mais terrível de todas as desgraças. Mas isso jamais poderia acontecer, tenho o direito de partilhar do sofrimento e aquele que pode admirar as belezas do mundo e partilhar dos seus sofrimentos, percebendo as maravilhas que há em ambos, estabelece um contato imediato com as coisas divinas e consegue chegar tão próximo do segredo de Deus quanto seria possível chegar.

Talvez a minha arte e a minha vida ainda venham a adquirir maior profundidade, uma emoção mais intensa e coerente, um entusiasmo mais objetivo. A verdadeira meta da arte moderna não é a extensão, mas a intensidade. Na arte, já não nos preocupam os padrões, mas as exceções. Nem preciso dizer que não seria capaz de descrever meus sofrimentos tal como eles aconteceram, a arte só começa onde termina a imitação. Mas é preciso que minha obra ganhe alguma coisa mais, talvez um domínio maior da palavra, cadências mais ricas, efeitos mais interessantes, uma ordem arquitetônica mais ampla e mais simples, ou qualquer outro tipo de qualidade estética.

Quando Marsyas foi "arrancado da bainha de seus membros" – *della vagina della membra sua,* para usar uma das mais terríveis frases taciteanas de Dante – os gregos afirmaram que ele não tinha mais nenhuma canção. Apolo havia vencido. A lira havia vencido a flauta rústica, mas talvez os gregos estivessem enganados. Eu ainda consigo ouvir o grito de Marsyas em muitas das modernas obras de arte. Ele aparece amargo em Baudelaire, doce e queixoso em Lamartine, místico em Verlaine. Está na música de Chopin, na insatisfação que persegue as mulheres de Burne-Jones e até mesmo em Matthew Arnold, cuja canção de Callicles fala no "triunfo da doce e persuasiva lira" e da "célebre vitória final" num tom de límpida beleza poética. Nem Goethe nem Wordsworth poderiam tê-lo ajudado na atormentada sugestão de dúvida e angústia que assombra seus versos, embora ele tivesse imitado a ambos, cada um a seu tempo. E quando procura lamentar *Tirse* ou louvar a *Cigana Erudita*, é a flauta rústica que utiliza para transmitir a melodia de seus versos. Mas quer o Fauno Prígio possa ou não manter-se em silêncio, eu não posso. A expressão me é tão necessária quanto as folhas e as flores para os galhos das árvores que aparecem por sobre os muros da prisão, parecendo sempre tão inquietos ao sabor do vento. Um abismo profundo separa agora a minha arte e o mundo, mas nenhum abismo me separa da arte – ou pelo menos, assim o espero.

A cada um o destino reserva uma sorte diferente: a mim coube o quinhão da desonra e do descrédito, de uma longa prisão, da desgraça, da ruína e da angústia – mas eu não os mereço, pelo menos, ainda não. Lembro como costumava dizer que seria capaz de suportar uma verdadeira tragédia desde que ela me chegasse envolta num manto púrpura e por trás de uma máscara de nobre tristeza, mas o que havia de mais horrível nas coisas modernas é que elas vestiam a tragédia com trajes de comédia, de tal modo que as grandes verdades pareciam sempre ridículas, banais ou de mau gosto. Isso acontece em nossos dias e provavelmente sempre aconteceu na vida real. Diz-se que todos os martírios pareciam medíocres aos olhos daqueles que os assistiam e o século XIX não constitui exceção à regra.

Tudo que se relaciona com a minha tragédia tem sido hediondo, mesquinho, repelente e de mau gosto; o próprio uniforme que vestimos nos torna ridículos. Somos os palhaços do sofrimento, palhaços de coração partido, feitos para agradar o senso de humor das pessoas. No dia 13 de novembro de 1895 trouxeram-me de Londres para cá. Naquele dia, fui obrigado a permanecer de pé no centro da plataforma da Estação de Chapham das duas horas até as duas e meia metido no meu uniforme de presidiário, algemado e exposto aos olhos do mundo. Tinha sido retirado da enfermaria do hospital sem qualquer aviso. De todos os objetos ali expostos, eu era certamente o mais grotesco. Ao ver-me, as pessoas riam. Cada trem que chegava fazia crescer o número de espectadores e nada lhes parecia mais engraçado do que eu, isso antes mesmo de saberem quem eu era. Tão logo eram informados da minha identidade, riam ainda mais e com maior entusiasmo. Durante meia hora fiquei ali de pé sob a chuva cinzenta de novembro, cercado por uma multidão zombeteira.

Depois disso, passei um ano chorando todos os dias àquela mesma hora e por igual espaço de tempo. Isso não é tão trágico quanto talvez possa parecer-lhe. As lágrimas fazem parte da rotina diária de todos aqueles que estão na prisão. Um dia que passemos sem derramá-las não é um dia que tenhamos passado com o coração alegre: ele apenas tornou-se duro como uma pedra.

Pois agora começo realmente a sentir mais pena daqueles que riram de mim do que de mim mesmo. É claro que, quando me viram, eu não me encontrava sobre o meu pedestal, mas no pelourinho. Entretanto, é preciso ter muito pouca imaginação para preocupar-se apenas com aqueles que estão sobre seus pedestais, pois um pedestal pode ser uma coisa absolutamente irreal, enquanto que um pelourinho possui uma terrível realidade. Eles também deveriam ter sabido interpretar melhor o sofrimento. Já afirmei que por trás do sofrimento há sempre mais sofrimento, talvez fosse mais sábio dizer que por trás do sofrimento há sempre uma alma. E zombar de uma alma que sofre é terrível. No sistema econômico estranhamente simples do mundo em que vivemos, as pessoas recebem aquilo que dão. Que compaixão poderão receber todos aqueles que não possuem imaginação suficiente para penetrar além da mera aparência das coisas, senão a compaixão do desdém?

Escrevo esse relato sobre como fui trazido para cá apenas para que você possa entender como tem sido difícil para mim retirar alguma coisa deste meu castigo, além de amargura e desespero. E, no entanto, é preciso que o faça e às vezes chego a ter momentos de aceitação e resignação. Toda a primavera pode estar oculta num simples botão e o ninho da cotovia pode conter a alegria que irá anunciar o início de muitos alvoreceres róseos. Do mesmo modo, talvez toda a beleza que ainda resta em minha vida possa estar contida em algum momento de renúncia, degradação e aviltamento. Seja como for, posso apenas seguir trilhando o caminho do meu próprio desenvolvimento e, ao aceitar todas as experiências vividas, tornar-me digno de tê-las vivido.

As pessoas costumavam dizer que eu era demasiado individualista – e devo sê-lo agora mais do que jamais fui. É preciso que eu exija de mim muito mais do que exigia antes e espere do mundo bem menos do que jamais esperei. Na verdade, a minha ruína não foi provocada por eu ter sido demasiado individualista mas por tê-lo sido demasiado pouco. A única ação vergonhosa, imperdoável e desprezível que cometi em toda a minha vida foi permitir a mim mesmo apelar à sociedade em busca de ajuda e proteção. Invocar tal ajuda já teria sido erro suficiente, se considerado sob o ponto de vista do individualismo, mas que desculpa poderei oferecer por ter chegado a fazê-lo? Naturalmente, depois que coloquei em ação as forças da sociedade ela se voltou contra mim e disse: "Você, que viveu tanto tempo desafiando as minhas leis, vem agora apelar a essas mesmas leis, em busca de proteção? Pois verá que essas leis serão cumpridas e terá que submeter-se a elas". O resultado é que estou agora no cárcere. Certamente nenhum outro homem terá caído tanto, de forma tão ignóbil e através de métodos tão ignóbeis quanto eu caí. Em algum lugar do *Retrato de Dorian Gray* afirmei que "quando se trata de escolher seus inimigos, nenhum homem pode ter demasiado cuidado". Mal poderia imaginar que seria um pária quem iria fazer de mim mesmo um pária.

O filisteu não é aquele que é incapaz de entender a arte. Muitas pessoas encantadoras, como os pescadores, os pastores, os camponeses, os agricultores e outros iguais a eles, desconhecem tudo sobre a arte e são, no entanto, o sal da terra. Filisteu é aquele que está sempre disposto a defender e auxiliar as pesadas, incômodas e cegas forças da sociedade e que não consegue reconhecer uma força dinâmica quando a encontra, esteja ela num homem ou num movimento qualquer.

As pessoas julgam chocante o fato de que eu tenha recebido tantos pecadores à minha casa. Mas acontece que, aos meus olhos de artista, eles pareciam deliciosamente sugestivos e estimulantes. Era como conviver com panteras: a graça estava no perigo. Eu costumava sentir-me como o encantador de serpentes que consegue fazer com que a cobra deixe o rabo pintado ou a cesta de vime onde se esconde e obedeça às suas ordens, erguendo-se e balouçando para lá e para cá, como a planta que oscila tranquilamente ao sabor da corrente. Eles eram para mim como a mais dourada das serpentes e o veneno era parte do seu encanto. Ignorava que, quando dessem o bote, seria em obediência ao som da flauta e do dinheiro de outra pessoa. Não sinto nenhuma vergonha por tê-los conhecido, pois eram pessoas extremamente interessantes. Envergonho-me, sim, da terrível atmosfera em que passei a viver. Como artista, minhas ligações eram com Ariel, mas empenhei-me numa luta com Caliban. Em vez de produzir belas obras cheias de harmonia e cor, como a *Salomé*, a *Tragédia Florentina* e *La Sainte Courtisane*, obriguei-me a escrever longas cartas dignas de um advogado e fui coagido a invocar o auxílio de todas as coisas contra as quais sempre havia protestado. Clibborn e Atkins foram maravilhosos em sua abjeta luta contra a vida. Recebê-los em minha casa era uma aventura extraordinária: Dumas pai, Cellini, Goya, Edgar Allan Poe e Baudelaire teriam feito o mesmo. Odiosa para mim é a lembrança das intermináveis visitas que me fazia o advogado Humphreys, quando eu ficava sentado com uma expressão séria, sob a luz ofuscante e desagradável de uma sala gelada, contando mentiras igualmente sérias para aquele homenzinho calvo, até chegar ao ponto de gemer e bocejar de puro tédio. Foi então que descobri estar em pleno país dos filisteus, bem longe de tudo o que era belo, brilhante, maravilhoso e arrojado. Eu me havia transformado num defensor da conduta respeitável, da vida puritana e da arte moralista. *Voilà où mènent les mauvais chemins*.

E o que me parece mais curioso é o fato de que você tenha imitado seu pai no que ele tinha de pior. Não posso entender porque ele lhe servia de exemplo, quando deveria ter servido de advertência. A menos que tenha sido por que sempre que duas pessoas se odeiam exista entre elas uma espécie de vínculo ou afinidade. Suponho que, por alguma lei que rege a aversão entre seres semelhantes, vocês se odiavam não porque fossem tão diferentes, mas justamente por serem tão iguais. Quando você deixou Oxford em 1893 sem ter obtido o seu diploma e cheio de dívidas mesquinhas, mas consideráveis para um homem com a renda de que seu pai dispunha, este lhe escreveu uma carta extremamente vulgar, violenta e cheia de insultos. A resposta que você lhe enviou foi ainda pior e bem menos justificável e, consequentemente, você sentiu enorme orgulho dela. Lembro-me bem de ouvi-lo dizer, com ar de extrema satisfação, que seria capaz de vencer seu pai "no seu próprio ofício". E estava certo. Mas que ofício! E que competição! Costumava rir e zombar de seu pai por ele ter saído da casa de um primo, com quem vivia na ocasião, para hospedar-se num hotel da vizinhança, de onde lhe enviava cartas imundas. Mas fazia exatamente a mesma coisa comigo. Inúmeras vezes almoçava comigo em algum restaurante, armava uma cena ou mostrava-se taciturno durante a refeição e logo retirava-se para o Clube White, de onde me escrevia cartas extremamente sórdidas. A única diferença entre seu pai e você era que, depois de me ter enviado a carta por mensageiro especial, chegava aos meus aposentos algumas horas depois, não para desculpar-se, mas para saber se eu já havia reservado lugares para o jantar no Savoy e, caso não o tivesse feito, indagar qual a razão. Algumas vezes chegava antes mesmo que eu tivesse lido a carta ofensiva. Lembro-me que em certa ocasião você me havia pedido que convidasse dois dos seus amigos, um dos quais eu nunca tinha visto em minha vida, para almoçar conosco no Café Royal. Concordei e, a seu pedido, encomendei um almoço delicioso. Lembro-me de ter dado instruções cuidadosas ao *chef* sobre os vinhos que deveriam ser servidos. Mas, em vez de comparecer ao encontro, você enviou ao Café uma carta atrevida, calculando o tempo de modo a que ela me fosse entregue quando já esperávamos por você há meia hora. Li a primeira frase, percebi do que se tratava e, colocando a carta no bolso, expliquei a seus amigos que você havia adoecido repentinamente e que o resto da carta falava apenas dos sintomas da doença. Para ser exato, só fui ler a carta à noite, enquanto me vestia para jantar na Rua Tite. E quando estava mergulhado na lama que ela continha, indagando a mim mesmo, com infinita tristeza, como era possível que você escrevesse cartas que mais pareciam a baba e a espuma que escorrem dos lábios de um epilético, meu criado veio anunciar-me que você aguardava no vestíbulo e parecia muito ansioso, desejando ver-me nem que fosse por apenas cinco minutos. Imediatamente mandei que subisse. Você chegou, pálido e parecendo amedrontado, suplicando que eu o aconselhasse e ajudasse, pois soubera que um homem, um advogado vindo de Lumley, tinha estado à sua procura em Cadogan Place e temia que os problemas que tivera em Oxford, ou um novo perigo qualquer, o ameaçassem. Consolei-o, dizendo o que afinal provou ser correto: que deveria tratar-se apenas de uma conta não paga, e permiti que jantasse e passasse a noite a meu lado. Você não disse uma só palavra sobre aquela carta hedionda, nem eu cheguei a mencioná-la, tratei-a simplesmente como um sintoma infeliz de um temperamento infeliz. O assunto jamais voltou a ser mencionado. Escrever-me uma carta odiosa às duas e meia e correr em busca de auxílio às sete horas e quinze minutos da mesma tarde era um acontecimento banal na sua vida. Nisto, como em tantas outras coisas, você conseguiu ir muito além de seu pai. Quando as repulsivas cartas que ele lhe escreveu foram lidas durante o julgamento, seu pai sentiu-se envergonhado e fingiu chorar.

Mas se os advogados dele tivessem lido as cartas que você lhe enviou, todos os presentes sentiriam horror e repugnância ainda maiores. Nem foi apenas por uma questão de estilo que você conseguiu vencê-lo "no seu próprio ofício". Também na forma de ataque, distanciou-se totalmente dele, lançando mão de telegramas e cartões-postais. Creio que bem poderia ter deixado tais métodos para gente como Alfred Wood, que tem neles o seu único meio de vida, não acha? Mas o que para gente como ele e outros da mesma laia era encarado como uma profissão, era para você um prazer – e um prazer perverso. Nem mesmo depois de tudo o que me aconteceu por causa delas você abandonou o horrível hábito de escrever cartas ofensivas. Você ainda considera o fato de escrevê-las como um de seus feitos mais notáveis e continua a enviá-las aos meus amigos ou àqueles que têm sido bons para mim na prisão, como Robert Sherard e outros. Quando Robert Sherard me ouviu dizer que eu não desejava que você publicasse nenhum artigo a meu respeito no *Mercure de France*, com ou sem cartas, deveria ter-lhe sido grato por ele ter comunicado a minha opinião sobre o assunto, evitando que você me infligisse, sem saber, mais sofrimentos do que já me havia causado até então. Deve lembrar que uma carta condescendente e filistina falando em "jogar limpo com um homem que está caído" só fica bem num jornal inglês, pois perpetua as velhas tradições do jornalismo inglês com respeito à atitude que deve manter em relação aos artistas. Mas na França essa maneira de expressar-se só teria servido para me expor ao ridículo e fazer com que o desprezassem. Eu não poderia permitir a publicação de qualquer artigo até que soubesse exatamente quais os objetivos a que se propunha, a forma de abordagem do assunto, o estilo etc. Na arte, as boas intenções não valem nada. Toda arte de qualidade inferior é feita de boas intenções.

E Robert Sherard não é o único dos meus amigos a quem você dirigiu cartas ofensivas e amargas pelo simples fato de que tivessem procurado fazer com que meus desejos e sentimentos fossem consultados em assuntos relacionados à minha pessoa, à publicação de artigos onde eu figurasse como tema principal, aos versos que você queria dedicar-me, à entrega de cartas e presentes e outras coisas do gênero. Você também molestou ou procurou molestar a outras pessoas.

Acaso chegou a pensar na terrível situação em que eu me encontraria se tivesse que depender da sua amizade durante esses dois anos em que venho cumprindo a terrível sentença que me foi imposta? Chegou a pensar nisso? Chegou a sentir-se grato àqueles que, graças a uma bondade sem limites, a uma devoção sem restrições, à alegria e entusiasmo que sentiam, ajudaram a tornar mais leve o negro fardo que devo suportar, visitando-me repetidas vezes, escrevendo cartas cheias de beleza e solidariedade, administrando meus negócios, planejando os detalhes da minha vida futura e permanecendo a meu lado a despeito das calúnias, da desonra e do desprezo, das zombarias e até mesmo dos insultos? Devo tudo a esses amigos. Até mesmo os livros que tenho em minha cela foram pagos por Robbie de seu próprio bolso e é ele também quem vai pagar as roupas que vestirei quando sair daqui. Não tenho nenhuma vergonha de aceitar esses presentes que me são oferecidos com tanto amor e afeição. Sinto-me orgulhoso até. Sim, penso em amigos como More Adey, Robbie, Robert Sherard, Frank Harris, Arthur Clifton e o que eles têm sido para mim, dando-me ajuda, carinho e solidariedade. Penso em todos aqueles que demonstraram bondade durante a minha vida na prisão, desde o carcereiro que me diz "Bom dia" e "Boa noite" – coisa que não faz parte de seus deveres profissionais –, e os policiais que a seu modo áspero e rude procuraram sempre confortar-me nas minhas idas e vindas ao Tribunal, feitas sempre em condições que me provocavam terrível sofrimento mental, até o pobre ladrão que, ao reconhecer-me enquanto caminhava ao meu lado pelo pátio, murmurou naquele tom de voz rouco, característico da prisão, que adquirimos graças aos longos períodos de silêncio compulsório: "Tenho pena de você – é bem mais difícil para gente como você do que para nós". Suponho que jamais tenha pensado nisso. E, no entanto, se tivesse um pouco de imaginação, saberia que não há uma só dessas pessoas, nenhuma – repito – cujos sapatos sujos de lama você não devesse sentir orgulho de limpar.

Será que tem imaginação suficiente para entender que medonha tragédia foi para mim ter cruzado com a sua família? Que terrível tragédia teria sido esse encontro para qualquer pessoa que, tal como eu, desfrutasse de uma situação privilegiada, tivesse um nome famoso ou qualquer outra coisa a perder? Não há entre os membros de sua família praticamente ninguém – com exceção de Percy, que é realmente um bom sujeito – que não tenha contribuído de alguma forma para a minha ruína.

Falei de sua mãe com algum ressentimento e aconselho-o seriamente a mostrar a ela esta carta, para o seu próprio bem. E se for para ela doloroso ler tantas acusações contra um de seus filhos, lembre-a que a minha própria mãe, que sob o ponto de vista intelectual pode ser comparada a Elizabeth Barrett Browning e, sob o ponto de vista histórico, a Madame Rolland, morreu com o coração partido ao ver o filho, de cujo gênio e arte ela tanto se orgulhava e a quem considerara sempre como um digno continuador de um nome tão distinto, condenado a dois anos de prisão. Poderá perguntar-se talvez de que modo teria sua mãe contribuído para a minha destruição. Pois eu lhe direi: assim como você procurou colocar sobre os meus ombros todas as suas responsabilidades imorais, sua mãe tentou colocar sobre eles todas as responsabilidades morais que tinha para com você. Em vez de discutir com você os problemas que o afligiam, como seria seu dever de mãe, ela sempre preferiu escrever-me, às escondidas, cartas onde suplicava, num tom ansioso e amedrontado, que eu não permitisse que você soubesse que ela me escrevia. Pode ver a situação em que eu ficava, colocado entre você e sua mãe. Uma posição tão falsa, absurda e trágica quanto aquela que eu ocupava entre você e seu pai.

Em agosto de 1892 e no dia 8 de novembro do mesmo ano tive duas longas entrevistas com sua mãe a seu respeito. Em ambas as ocasiões, indaguei por que ela não falava diretamente com você. E em ambas recebi a mesma resposta: "Tenho medo, ele fica tão furioso!". Da primeira vez, eu o conhecia tão superficialmente que não cheguei a entender o significado das palavras dela. Da segunda, eu já o conhecia tão bem que entendi perfeitamente. (Entre uma entrevista e outra, você havia sofrido um ataque de icterícia e, tendo o médico recomendado que passasse uma semana em Bournemouth, você me induzira a acompanhá-lo pois detestava ficar sozinho.) Mas o primeiro dever de uma mãe é não ter medo de falar a sério com seu filho. Se ela tivesse discutido francamente com você os problemas que teve em 1892 e tivesse conseguido fazer com que confiasse nela, ambos teriam sido muito mais felizes. Todos aqueles contatos secretos e furtivos que manteve comigo foram um erro. De que serviram os incessantes bilhetes que sua mãe costumava enviar-me em envelopes marcados com a palavra "confidencial", suplicando que eu não o convidasse para jantar com tanta frequência, que não lhe desse dinheiro e que sempre acabavam com um ansioso: "P.S. – Não deixe que Alfred perceba, sob qualquer hipótese, que eu lhe escrevi."? Que benefícios poderia trazer tal correspondência? Acaso alguma vez você esperou que eu o convidasse para jantar? Jamais. Fazia todas as refeições comigo como se isso fosse a coisa mais natural e mais lógica, e quando eu protestava sempre respondia com uma observação: "Mas se eu não jantasse com você, onde haveria de jantar? Não está pensando, por acaso, que eu vá jantar em casa?". Não havia o que responder. E se eu me recusava terminantemente a permitir que jantasse comigo, ameaçava-me, prometendo fazer alguma tolice – e sempre cumpria a ameaça. Que resultado poderia advir de cartas como as que sua mãe costumava enviar-me, senão uma tola e funesta transferência de responsabilidades dos ombros dela para os meus? Não quero falar aqui dos vários detalhes que atestam como a fraqueza e a falta de coragem de sua mãe provaram ser tão desastrosos, tanto para ela própria quanto para você e para mim. Mas, certamente, quando soube que seu pai tinha vindo à minha casa para provocar uma cena odiosa e criar um escândalo público, ela poderia ter percebido ser iminente a eclosão de uma séria crise e poderia ter feito alguma coisa para evitá-la. Mas a única coisa em que pôde pensar foi mandar que o persuasivo George Wyndham viesse ter comigo para propor-me com sua fala macia... que eu me descartasse aos poucos de você! Como se isso fosse possível! Bem que eu havia tentado por todos os meios acabar a nossa amizade, chegando até a deixar a Inglaterra e dando um endereço falso no continente, na esperança de romper de um só golpe com uma ligação que se havia tornado penosa, odiosa e desastrosa para mim. Acredita mesmo que eu poderia ter me descartado aos poucos de você? Acredita que isso teria agradado ao seu pai? Sabe bem que não. Pois, na verdade, o que o seu pai desejava não era o fim da nossa amizade, mas um escândalo. Era por isso que ele batalhava. Seu nome não aparecia há anos nos jornais e ele viu na nossa amizade a oportunidade de aparecer diante do público inglês vivendo um papel inteiramente novo, o de pai afetuoso. Isso fez ressurgir o seu senso de humor. Se eu tivesse rompido a minha amizade com você, ele teria ficado terrivelmente desapontado e nem mesmo a pequena notoriedade que poderia lhe trazer um segundo processo de divórcio, por mais repulsivas que pudessem ser as causas e os detalhes desse processo, iria servir-lhe de consolo. Seu objetivo era obter popularidade e posar de defensor da pureza, que é, no momento presente, a maneira mais certa de transformar-se numa figura heroica aos olhos do público inglês, esse público que, como eu mesmo afirmei uma vez em uma das minhas peças, pode personificar Caliban durante metade do ano e ser Tartufo na outra metade. E assim, seu pai, do qual se pode dizer que consegue encarnar ao mesmo tempo esses dois personagens, foi escolhido como representante ideal do puritanismo no que este tem de mais agressivo e característico. Não teria adiantado nada ter me "descartado" de você, mesmo que isso fosse possível. Não percebe agora que a única coisa que sua mãe poderia ter feito seria pedir que eu fosse vê-la e diante de você e de seu irmão declarar peremptoriamente que a nossa amizade tinha que acabar de uma vez por todas? Ao fazê-lo, ela teria encontrado em mim um aliado cheio de entusiasmo e, estando eu e Drumlaring na sala, não precisaria ter medo de falar com você. Mas não o fez. Temia suas responsabilidades e tentou transferi-las para mim. E há uma carta que ela certamente me escreveu, era uma mensagem breve na qual pedia que eu não enviasse a seu pai a carta escrita pelo advogado onde este o advertia a desistir de seus ataques contra mim. E tinha razão: era ridículo de minha parte consultar advogados em busca de proteção. Mas logo anulou qualquer efeito que sua carta pudesse ter produzido em mim, ao acrescentar-lhe o costumeiro *post-scriptum*: "Não deixe que Alfred saiba que eu lhe escrevi". Você estava encantado com a ideia de que eu escrevesse cartas a seu pai e a você próprio através de um advogado. Eu o havia feito por sugestão sua, e não podia revelar-lhe que sua mãe se opunha energicamente à ideia, pois ela me havia feito prometer solenemente que jamais falaria das cartas que me escrevia e eu, como um tolo, mantive-me fiel à promessa. Não percebe como ela estava errada ao não dirigir-se diretamente a você? Que todas aquelas entrevistas secretas comigo e a correspondência sigilosa eram um erro? Ninguém consegue transferir as responsabilidades que lhe cabem para outra pessoa, pois elas acabam sempre voltando ao legítimo dono. A única ideia que você tinha sobre a vida, a sua única filosofia – se é que alguma vez chegou a ter alguma – era a de que qualquer coisa que fizesse deveria ser paga por outra pessoa, e eu não me refiro aqui apenas ao aspecto financeiro – essa era apenas a aplicação prática da sua filosofia à vida diária – mas no sentido mais amplo e mais completo de responsabilidade transferida. Fez disso a sua doutrina, e conseguiu fazer dela um sucesso. Obrigou-me a agir porque sabia que seu pai não teria coragem de atacar a sua vida ou a você próprio de nenhuma maneira e que eu o defenderia até o fim e tomaria sobre os meus ombros o que quer que fosse lançado sobre eles. E tinha razão. Tanto eu quanto seu pai, levados naturalmente por motivos diferentes, agimos exatamente de acordo com as suas previsões. Mas apesar de tudo, de alguma maneira, você não escapou realmente. A "teoria do infante Samuel", como poderíamos chamá-la para não perder muito tempo, funcionou bem para o mundo em geral. Podem achar graça dela em Londres e desprezá-la em Oxford, mas isso acontece apenas porque em cada um desses lugares há algumas pessoas que o conhecem e porque em cada um deles você deixou vestígios da sua passagem. Mas fora de um pequeno círculo de pessoas nessas duas cidades, o mundo pensa em você como num homem bom que aquele artista pervertido e imoral quase levou ao pecado mas que foi salvo a tempo pelo pai bondoso e dedicado. Parece uma boa história – e no entanto, você mesmo sabe que não escapou. E não estou me referindo aqui a uma pergunta tola feita por um jurado tolo que foi, naturalmente, tratado com desdém pela Coroa e pelo juiz. Ninguém se importou com ela. Refiro-me talvez basicamente a você mesmo. Diante de você mesmo, algum dia terá que refletir sobre a sua conduta – não é possível que esteja realmente satisfeito com os rumos que as coisas tomaram. Secretamente, deve sentir muita vergonha de si mesmo. É muito importante mostrar ao mundo uma cara atrevida, mas suponho que, de vez em quando, estando sozinho e sem ninguém a observá-lo, você deve retirar a máscara para respirar. Do contrário, já teria morrido sufocado.

E do mesmo modo, é possível que sua mãe também lamente o fato de ter tentado transferir suas graves responsabilidades para uma pessoa que já carregava um fardo suficientemente pesado. Ela era, a um só tempo, pai e mãe para você. Chegou acaso a cumprir os deveres de qualquer um deles? Se eu fui capaz de suportar o seu mau gênio, suas grosserias, as cenas que costumava fazer, ela também poderia tê-las suportado. Quando vi minha mulher pela última vez – já faz agora catorze meses – disse-lhe que ela deveria ser o pai e a mãe de Cyril. Contei-lhe em detalhes tudo sobre a forma e o tipo de educação que sua mãe lhe havia dado, tal como fiz nesta carta, embora naturalmente e de forma bem mais minuciosa. Contei-lhe os motivos daquela infinidade de bilhetes e cartas com a palavra "confidencial" escrita no envelope que chegavam à Rua Tite enviadas por sua mãe com tanta regularidade que minha mulher costumava rir, afirmando que nós devíamos estar escrevendo juntos um romance sobre a sociedade ou algo no gênero. Implorei que ela jamais fosse para Cyril o que sua mãe havia sido para você. Disse-lhe que deveria criá-lo de tal forma que, se ele chegasse alguma vez a derramar sangue inocente, ela seria a primeira a ouvir sua confissão para que, antes de qualquer outra coisa, pudesse limpar-lhe as mãos e depois ensinar-lhe a purificar a própria alma através da penitência ou da reparação. Disse-lhe que, se temia assumir toda a responsabilidade pela vida de outra pessoa, ainda que essa pessoa fosse o seu próprio filho, deveria encontrar um tutor para ajudá-la. Alegra-me dizer que ela seguiu o meu conselho, escolhendo seu próprio primo, Adrian Hope, um homem bem-nascido, possuidor de grande cultura e de um excelente caráter – a quem você encontrou uma vez na Rua Tite. Com ele, Cyril e Vyvyan terão uma boa chance de desfrutar de um futuro maravilhoso. Se sua mãe tinha medo de falar com você sobre assuntos sérios, deveria ter escolhido, entre as pessoas de sua própria família, alguém que você respeitasse. Mas a verdade é que ela não deveria ter medo de lhe falar com toda a franqueza, nem de enfrentar a realidade. Seja como for, veja o resultado: acredita que ela está satisfeita?

Sei que ela me culpa pelo que aconteceu. Ouço falar nisso, não contado por pessoas que o conheçam, mas por gente que não o conhece nem deseja conhecê-lo. Ela fala, por exemplo, na influência que um homem mais velho exerce sobre o mais moço. É uma de suas teorias prediletas sobre o assunto, pois sempre agrada ao preconceito e à ignorância popular. Não é necessário que eu lhe pergunte que influência tive sobre você – sabe muito bem que nenhuma. Você mesmo costumava vangloriar-se disso inúmeras vezes e, na verdade, era uma das únicas ocasiões em que tinha razão. Pensando bem, o que havia em você que eu pudesse influenciar? Seu cérebro? Ele era subdesenvolvido. Sua imaginação? Estava morta. Seu coração? Ainda não tinha nascido. De todas as pessoas que já passaram pela minha vida, você foi a única sobre a qual não consegui exercer qualquer tipo de influência. Quando eu jazia na cama, enfermo e indefeso, prostrado por uma febre que apanhara ao cuidar de você, não tive influência suficiente para convencê-lo sequer a trazer-me um copo de leite, ou para fazer com que providenciasse os cuidados necessários a qualquer pessoa enferma, ou que se desse ao incômodo de caminhar algumas centenas de metros até uma livraria para trazer-me um livro que teria sido pago do meu próprio bolso. Quando eu me entregava à tarefa de escrever, criando comédias mais brilhantes que as de Congreve, mais filosóficas que as de Dumas Filho e suponho que melhores do que as de qualquer outro autor, não tive influência suficiente para fazer com que me deixasse trabalhar em paz, como é direito de qualquer artista. Onde quer que eu instalasse a minha sala de trabalho, ela jamais foi para você mais do que um salão comum, um lugar onde você ia para fumar, beber vinho branco ou soda e conversar sobre banalidades. A teoria da "influência do homem mais velho sobre o mais moço" pareceu excelente até chegar aos meus ouvidos, e então passou a ser ridícula. Suponho que você também sorria quando ouve falar nela – certamente tem esse direito. Também ouço falar nas coisas que ela diz a respeito de dinheiro. Afirma, com absoluta justiça, que jamais deixou de pedir-me, incessantemente, para que eu não lhe desse dinheiro. Admito que é verdade. Suas cartas realmente eram insistentes e todas traziam o mesmo *post-scriptum*: "Por favor, não deixe que Alfred saiba que eu lhe escrevi". Mas eu não sentia nenhum prazer em pagar todas as suas despesas, desde o barbeiro matinal até o último cabriolé que usava para recolher-se à meia-noite. Era uma coisa que me aborrecia terrivelmente e sobre a qual eu me queixei a você repetidas vezes. Eu lhe dizia – lembra-se? – como detestava que você me considerasse uma pessoa útil, porque o artista, tal como a própria arte, é por definição um ser perfeitamente inútil. Costumava enfurecer-se quando eu lhe dizia essas coisas – a verdade sempre o deixava furioso. E realmente é sempre doloroso ouvir ou falar certas verdades. Mas nada do que eu tivesse dito conseguiu fazer com que você mudasse seus pontos de vista ou seu estilo de vida. Todos os dias eu me via forçado a pagar por cada coisa que você fazia. Só mesmo alguém dotado de uma índole absurdamente cordata ou indescritivelmente louca teria feito o que eu fiz. Infelizmente, eu possuía uma perfeita combinação de ambas. Quando sugeria que sua mãe deveria fornecer-lhe o dinheiro de que você necessitava, sempre ouvia uma resposta bastante graciosa – você afirmava que toda a pensão que seu pai dava à sua mãe – creio que alguma coisa em torno de mil e quinhentas libras anuais – não era absolutamente suficiente para cobrir as necessidades de uma dama da sua posição e que você jamais a procuraria para pedir-lhe uma quantia maior do que a que ela lhe dava. Tinha razão ao dizer que os rendimentos de sua mãe eram totalmente incompatíveis com o nível de vida de uma dama da sua posição, mas não deveria ter feito disso uma desculpa para viver às minhas custas e com tanto luxo; ao contrário, o fato deveria ter servido para sugerir-lhe que adotasse uma certa economia em sua própria vida. A verdade é que você era – e suponho que continua sendo – um sentimental típico. Pois o sentimental é simplesmente aquele que deseja desfrutar do luxo de uma emoção sem ter que pagar por ela. Querer poupar o bolso de sua mãe era sem dúvida uma bela decisão – fazê-lo às minhas custas, algo muito feio.

Creio que se reconsiderar a sua atitude em relação aos rendimentos de sua mãe e aos meus, não sentirá nenhum orgulho de si mesmo e talvez algum dia – se não chegar a mostrar esta carta à sua mãe – possa explicar-lhe que o fato de viver às minhas custas era um assunto sobre o qual meus próprios desejos jamais foram consultados. Era apenas uma das maneiras estranhas – e para mim, pessoalmente, bastante penosas – através das quais você expressava a sua devoção. Depender de mim para o pagamento de todas as suas despesas, desde as mais insignificantes até as mais vultosas, dotava-o, a seus próprios olhos, de um encanto infantil. Ao insistir para que eu pagasse por todos os seus prazeres, pensava ter encontrado o segredo da eterna juventude. Confesso que me sinto magoado quando ouço as observações que sua mãe costuma fazer contra mim e tenho certeza de que, se pensar um pouco, concordará comigo quando digo que, se ela não tem uma palavra de arrependimento ou de remorso pela desgraça que a sua família fez cair sobre mim, seria melhor que permanecesse em silêncio. Naturalmente, não há nenhuma razão para que ela leia as passagens desta carta que se refiram à evolução mental pela qual venho passando ou a qualquer ponto de partida que eu espere alcançar – tais coisas não teriam o menor interesse para ela. Mas, se fosse você, eu lhe mostraria os trechos que se referem especificamente à sua vida.

Na verdade, se eu fosse você, não gostaria de ser amado sob falsos pretextos. Não há nenhuma razão para que um homem seja obrigado a expor sua vida para o mundo – pois o mundo não é capaz de entender certas coisas. Mas com pessoas cujo afeto desejamos manter, é diferente.

Há algum tempo, um grande amigo meu – um amigo que tenho há dez anos – veio visitar-me e disse que não acreditava numa só palavra do que afirmavam a meu respeito e desejava que eu soubesse que me considerava inocente, uma vítima de uma trama hedionda. Ao ouvi-lo, irrompi em pranto e repliquei que, embora muitas das acusações levantadas contra mim fossem absolutamente falsas e me houvessem sido atribuídas por maldade, a verdade é que a minha vida sempre fora cheia de prazeres depravados e que, a menos que ele pudesse aceitar essa verdade a meu respeito e entendê-la, eu não poderia continuar sendo seu amigo, ou até mesmo a tê-lo como simples companhia. Foi um choque terrível para ele – mas somos amigos e eu não consegui essa amizade apelando para falsos pretextos. Certa vez eu lhe disse que falar a verdade pode ser doloroso, mas mentir é bem pior.

Lembro-me de estar sentado no banco dos réus por ocasião do meu último julgamento, ouvindo as terríveis denúncias que Lockwood fazia contra mim – algo semelhante a uma passagem de Tácito ou de Dante ou às denúncias dos Papas de Roma – e lembro também que me sentia doente de terror diante do que ouvia, quando de repente me ocorreu uma ideia: "Como seria maravilhoso se eu estivesse dizendo isso contra mim mesmo!". E subitamente percebi que tudo o que possam dizer de um homem não tem a menor importância: o importante é quem diz. Não tenho a menor dúvida de que o momento mais sublime da vida de um ser humano é aquele em que ele se ajoelha no pó, bate no peito e confessa todos os seus pecados. Isso vale também para você: creio que sentir-se-ia bem mais feliz se deixasse que sua mãe conhecesse pelo menos um pouco da sua vida, contada por você. Eu mesmo cheguei a contar-lhe alguns episódios em 1893, mas é claro que fui forçado a ser um tanto reticente e superficial. Minhas palavras não conseguiram torná-la mais corajosa no que se refere ao seu relacionamento com você, até pelo contrário, ela passou a evitar a verdade com mais persistência do que antes. Mas se fosse você mesmo a contar-lhe, tudo teria sido diferente. Talvez minhas palavras soem demasiado amargas aos seus ouvidos, mas não poderá negar os fatos. Tudo se passou exatamente como relatei e se leu esta carta com todo o cuidado, como deveria ter feito, terá conseguido enfrentar a si próprio, cara a cara.

Escrevi-lhe longamente para que pudesse entender o que você significou para mim antes da minha prisão, durante os três anos que durou a nossa amizade tão funesta e o que continuou a representar no meu encarceramento, que já dura quase dois anos e breve terminará, e também para que saiba o que eu espero tornar-me, não só para mim mesmo quanto para os outros, depois que sair daqui. Não posso corrigir esta carta, ou reescrevê-la. É preciso que você a aceite tal como está, com alguns trechos apagados pelas lágrimas, outros pelos vestígios da emoção e da dor, e faça o possível para decifrá-la, com todos os borrões, as correções e o resto. Quanto às correções e erratas, eu as fiz para que minhas palavras expressassem com absoluta fidelidade todos os meus pensamentos e eu não cometesse nenhum erro, nem por excesso, nem por insuficiência. Tal como o violino, a linguagem precisa ser afinada. E assim como o excesso ou a falta de vibrações na voz do cantor ou o tremor das cordas do violino podem fazer com que a nota soe falsa, palavras a mais ou a menos poderão inutilizar a mensagem. Não há nenhuma retórica. Se encontrar palavras riscadas ou substituídas por outras, por menores ou mais elaboradas que sejam essas correções, é porque estou tentando transmitir as minhas impressões, encontrar o equivalente exato dos meus estados de ânimo. E, sempre que colocamos os sentimentos em primeiro lugar, prejudicamos a forma.

Admito tratar-se de uma carta bastante severa. Eu não o poupei. Na verdade, você poderia até dizer que, depois de admitir que ao compará-lo ao menor dos meus sofrimentos, à mais mesquinha das minhas perdas, eu estaria sendo injusto para com você, foi exatamente isso o que acabei fazendo, além de realizar uma avaliação minuciosa do seu temperamento. É verdade. Mas deve lembrar-se que foi você mesmo quem subiu no prato da balança.

Deve lembrar-se também que, se comparado aos momentos mais insignificantes da minha vida no cárcere, o prato da balança onde você se colocou sobe até bater no travessão. A vaidade fez com que você escolhesse a balança e a vaidade fez com que se agarrasse a ela. E é exatamente aí que reside o grande erro psicológico da nossa amizade: a total falta de equilíbrio. Você forçou a entrada numa vida que era demasiado grande para você, uma vida cuja órbita transcendia tanto a sua capacidade de visão quanto a sua capacidade de mudança cíclica, uma evolução revestida de um significado intenso, de um interesse amplo e repleta das mais terríveis e maravilhosas consequências. Sua vida medíocre, limitada aos pequenos caprichos e humores, podia ser admirável dentro do pequeno círculo em que você se movia: era admirável em Oxford, onde o pior que poderia lhe acontecer seria ouvir uma reprimenda do deão ou um sermão do diretor, e onde o acontecimento mais excitante da temporada era o fato do Magdalen ter se tornado o primeiro do rio e que esse importante evento fosse comemorado com uma fogueira acesa no Quad. E ela deveria ter continuado limitada a esse pequeno círculo mesmo depois que você deixou Oxford. Não havia nada de errado com você: era um perfeito exemplar de um tipo bastante moderno. Era apenas em relação a mim que estava errado. Sua imprudente extravagância chegava a ser um crime. Sei que a juventude é sempre extravagante, vergonhoso era que me obrigasse a pagar por todas as suas extravagâncias. Seu desejo de ter um amigo com quem pudesse passar o tempo, desde a manhã até a noite, era encantador, quase idílico. Mas não deveria ter escolhido um intelectual, um artista, alguém para quem a sua presença constante era absolutamente destrutiva, algo que teve não apenas o efeito de impedir a realização de qualquer obra de arte mas que chegou até mesmo a paralisar a sua capacidade de criar. Não havia nenhum mal no fato de pensar que a maneira mais perfeita de passar uma noitada alegre era um jantar regado a champanhe no Savoy, seguido por um camarote num espetáculo de *music-hall* e de uma ceia com champanhe no Willis como *bonne-bouche* para terminar a noite. Centenas de adoráveis jovens londrinos compartilham dessa opinião, que não chega a ser uma excentricidade e é até mesmo um dos requisitos para quem deseja tornar-se sócio do Clube White. Mas você não tinha o direito de exigir que fosse eu a proporcionar-lhe todos esses prazeres. Isto veio demonstrar apenas o pouco valor que atribuía ao meu gênio. A própria disputa que mantinha com seu pai, seja qual for a ideia que possamos fazer sobre o seu caráter, deveria obviamente ter permanecido uma questão inteiramente restrita a vocês dois, algo para ser resolvido no quintal da casa onde viviam – como acredito que geralmente aconteça com todas as disputas desse tipo. Seu erro foi insistir para que ela fosse levada à cena como uma tragicomédia no grande palco da História, tendo o mundo inteiro como plateia e eu mesmo como prêmio ao vencedor do desprezível concurso. O fato de que seu pai o detestasse e que você retribuísse esse sentimento não tinha o menor interesse para o público inglês. Tais sentimentos são bastante comuns no ambiente familiar inglês e deveriam permanecer confinados ao local onde ocorrem: o lar. Não há lugar para eles fora desse círculo. Extravasá-los é uma ofensa. Os problemas familiares não podem ser tratados como uma bandeira vermelha que deva ser agitada nas ruas, ou como uma trombeta para ser soprada desafinadamente do alto dos telhados. Assim como pretendeu viver fora do círculo a que pertencia por direito, você também pretendeu deslocá-los para fora do âmbito estritamente doméstico. E todos aqueles que abandonam o círculo a que pertencem mudam apenas o ambiente que os cerca, jamais a própria índole. Nem conseguem adquirir jamais os pensamentos e emoções próprios do mundo onde ingressaram – não sabem como fazê-lo.

Como afirmei nas minhas *intenções*, as forças emocionais são tão limitadas em sua dimensão e alcance quanto as forças da energia física. A pequena taça, feita para comportar uma determinada quantidade de líquido, pode comportar apenas aquela quantidade e nenhuma gota a mais, mesmo que todas as cubas da Borgonha estejam cheias até a borda de vinho e que os vinhateiros tenham as pernas mergulhadas até os joelhos nas uvas colhidas nos pedregosos vinhedos da Espanha. Não há erro mais comum do que pensar que os causadores involuntários ou o participante ocasional das grandes tragédias compartilham dos sentimentos apropriados ao drama a que assistem. Não há erro mais funesto do que esperar isso deles. O mártir envolto em chamas pode estar contemplando a face de Deus, mas para aquele que empilha os feixes de varas que alimentam a fogueira ou que posiciona os toros de madeira para que queimem mais rapidamente, a cena tem tanta importância quanto o sacrifício do boi para o açougueiro, a queda da árvore para o lenhador da floresta ou o corte de uma flor para quem ceifa a grama do jardim. As grandes emoções foram feitas para as grandes almas e os grandes acontecimentos só podem ser entendidos por aqueles que têm sensibilidade suficiente para entendê-los. Pensamos poder desfrutar de todas as emoções sem dar nada em troca – mas isso é impossível. Mesmo as emoções mais puras e mais cheias de autoabnegação devem ser pagas. E, por mais estranho que possa parecer, é justamente isso que as torna mais belas. A vida emocional e intelectual das pessoas vulgares é um tema bastante desprezível. Do mesmo modo como retiram suas ideias de uma espécie de biblioteca circulante – o *Zeitgest* de uma época que não tem alma – e as devolvem emporcalhadas ao fim de uma semana, também tentam desfrutar suas emoções a crédito e recusam-se a pagar a conta quando essa lhes é apresentada. É preciso que abandonemos essa concepção da vida: tão logo sejamos obrigados a pagar por uma emoção, seremos capazes de entender suas virtudes e esse conhecimento nos tornará melhores. Lembre-se que todo sentimental é sempre um cínico e que o sentimentalismo é, na verdade, apenas o feriado bancário do cinismo. E por mais delicioso que este possa parecer, sob o ponto de vista intelectual, agora que trocou o púlpito pelo clube, jamais poderá ser mais do que a filosofia perfeita para um homem sem alma. Não há dúvida de que tem certa utilidade social e, embora todas as formas de expressão tenham algum interesse para o artista, o cinismo, quando considerado isoladamente, não vale grande coisa, pois nada é jamais revelado ao verdadeiro cínico.

Não conheço nada em toda a dramaturgia mais incomparável sob o ponto de vista da arte, nem mais sugestivo na sutileza de suas observações, do que a descrição que Shakespeare faz de Rosencrantz e Guildenstern. Ambos foram companheiros de Hamlet na Universidade e trazem com eles lembranças agradáveis dos dias que haviam passado juntos. No momento em que o encontram na peça, Hamlet cambaleia ao peso de uma carga intolerável para um homem do seu temperamento. Os mortos haviam saído de suas tumbas para impor-lhe uma missão que era, ao mesmo tempo, demasiado grande e demasiado mesquinha para ele. Hamlet era apenas um sonhador e exigem-lhe que aja. Tem a índole de um poeta e pedem-lhe que enfrente a complexidade vulgar de causa e efeito, com as realidades práticas da vida – que ele desconhece totalmente – e não com a essência ideal da vida, que ele conhece tão bem. Hamlet não tem a menor ideia sobre o que fazer, e a sua tolice é fingir-se de tolo. Brutus usou a loucura como um manto para esconder a espada dos seus propósitos e a adaga da sua vontade, mas a loucura de Hamlet é apenas uma máscara para esconder a sua fraqueza. Ele vê nos seus caprichos e gracejos uma oportunidade para adiar os acontecimentos. Insiste em jogar com a ação, assim como o artista joga com uma teoria. Torna-se um espião de seus próprios atos e ao ouvir suas próprias palavras sabe que elas são apenas "palavras, palavras, palavras". Em vez de tentar ser o herói de sua história, procura ser o espectador da própria tragédia. Desacredita de tudo, até de si mesmo e, no entanto, essa dúvida não o ajuda, pois não nasce do ceticismo, mas de uma vontade dividida.

Guildenstern e Rosencrantz não chegam a perceber nada disso. Contentam-se em fazer mesuras, caretas e sorrisos e tudo o que um diz o outro repete com inflexão ainda mais enjoativa. Quando finalmente, graças à peça dentro da peça e das brincadeiras dos bonecos, Hamlet consegue captar a consciência do rei e expulsa o infeliz e aterrorizado soberano do seu trono, Guildenstern e Rosencrantz não veem na sua conduta nada além de uma dolorosa quebra da etiqueta da Corte. É o máximo a que ambos podem chegar na "contemplação do espetáculo da vida com as emoções apropriadas". Eles estão tão próximos do segredo e o desconhecem totalmente. Nem adiantaria nada contar-lhes, pois ambos são como aquelas pequenas taças que comportam uma determinada quantidade de líquido e nem uma gota mais. Próximo ao fim da peça, há uma sugestão de que, vítimas de uma armadilha fatal feita para apanhar outras presas, ambos acabaram tendo – ou poderiam ter tido – uma morte violenta e repentina. Mas um fim tão trágico, embora dotado, graças ao humor de Shakespeare, do toque de surpresa e justiça da comédia, na verdade não é para gente como eles. Eles nunca morrem. Horácio, que, para "relatar corretamente Hamlet e sua causa aos insatisfeitos",

> Afasta-o da felicidade por algum tempo
> E faz com que suspire de dor neste mundo cruel,

morre, embora não diante do público, e não deixa nenhum irmão. Mas Rosencrantz e Guildenstern são tão imortais quanto Ângelo e Tartufo e deveriam ocupar um lugar ao lado deles. Ambos representam a contribuição da vida moderna ao antigo ideal da amizade. Aquele que escrever uma nova *De Amicitia* deve encontrar um nicho para eles e louvá-los em prosa. Servirão de exemplo para todos os tempos. Censurá-los denotaria falta de gratidão. Eles estão simplesmente fora do círculo a que pertencem, isso é tudo. Não há na grandiosidade da alma nenhum perigo de contágio. Pensamentos e emoções sublimes permanecem isolados, pelo próprio fato de existirem. O que a própria Ofélia não conseguia entender era o fato de que não fosse percebida "nem por Guildenstern, nem pelo gentil Rosencrantz", "nem por Rosencrantz, nem pelo gentil Guildenstern". É claro que não estou querendo compará-lo a eles. Há uma grande diferença entre vocês. O que foi para eles uma oportunidade, foi para você uma escolha. Deliberadamente, e sem que eu o tivesse convidado, você se introduziu no meu mundo, tomando um lugar ao qual não tinha nenhum direito ou qualquer qualificação que o tornasse digno de ocupá-lo. E por ter se tornado, graças à sua presença constante e a uma curiosa insistência, numa parte essencial de cada dia, conseguiu absorver toda a minha vida e não soube fazer nada melhor do que destroçá-la. Por mais estranho que isso possa parecer-lhe, era apenas natural que o fizesse. Quando damos a uma criança um brinquedo demasiado complexo para que sua pequenina mente possa entendê-lo, ou demasiado belo para seus olhos que ainda mal conseguem ver, ela acabará por quebrá-lo; se for travessa, ou se for descuidada, irá abandoná-lo para brincar com seus companheiros. Foi o que aconteceu com você. Tendo se apossado da minha vida, não sabia o que fazer com ela – nem poderia saber. Ela era demasiado maravilhosa para que pudesse entendê-la. Deveria tê-la deixado escorrer por entre os dedos e voltado para junto de seus amigos e seus folguedos. Mas infelizmente para mim você era voluntarioso e preferiu destroçá-la. Este é, em resumo, o segredo de tudo o que aconteceu. Pois os segredos são sempre bem menores do que a sua revelação. O mundo pode ser sacudido pelo simples deslocamento de um átomo. E para que eu não me poupe, tanto quanto não poupei a você, acrescentarei que, por mais perigoso que tenha sido para mim o meu encontro com você, ele se tornou fatal por ter ocorrido no momento em que ocorreu, pois enquanto você atravessava aquela fase da vida em que tudo que fazemos não é mais do que plantar as sementes, eu me ocupava apenas com a colheita.

Há ainda algumas coisas sobre as quais é preciso que eu lhe escreva. A primeira delas é a minha bancarrota. Há alguns dias ouvi – com grande desapontamento, admito – que agora é demasiado tarde para que sua família pague a seu pai, que isso seria ilegal e que é preciso que eu permaneça ainda por muito tempo na dolorosa situação em que me encontro. Isso constitui motivo de grande amargura para mim, pois os entendidos em leis me asseguram que não poderei sequer publicar um livro sem a permissão expressa do síndico da massa falida, ao qual devem ser submetidas todas as minhas contas, nem assinar um contrato com um empresário teatral nem produzir qualquer peça sem que o dinheiro que eu venha a receber passe para as mãos de seu pai e de alguns outros credores. Creio que até mesmo você será obrigado a admitir que o seu plano de "ganhar pontos" de seu pai, permitindo que ele me levasse à bancarrota, não foi na verdade o sucesso total que imaginou.

Pelo menos no que me diz respeito, ele foi um fracasso. Em vez de levar em conta apenas o seu próprio senso de humor, por mais cáustico e surpreendente que este pudesse ser, deveria ter pensado na dor e na humilhação que eu sentiria ao ver-me reduzido à mais absoluta pobreza. Na verdade, ao permitir a minha ruína e ao insistir para que eu comparecesse àquele primeiro julgamento, você acabou fazendo o jogo do seu pai.

Sozinho e sem contar com a sua ajuda, ele teria perdido desde o início. Mas, embora você certamente não pretendesse desempenhar tão hediondo papel, a verdade é que ele encontrou em você o seu melhor aliado.

Numa das cartas que More Adey me escreveu, ele conta que no último verão você chegou a expressar mais de uma vez o desejo de pagar pelo menos uma parte do que eu havia gasto com você. Como disse na resposta que lhe enviei, infelizmente as únicas coisas que gastei com você foram a minha arte, a minha vida e o lugar que me era reservado na História. Mesmo que sua família pudesse dispor de todas as maravilhas que existem no mundo – gênio, beleza, riqueza, altas posições etc. – e colocasse todas elas a meus pés, não conseguiriam pagar nem um décimo das menores coisas que me foram tiradas, ou uma lágrima sequer de todas as que derramei. Entretanto, sei que devemos pagar por tudo aquilo que fazemos. Isso vale até para os falidos.

Você parece acreditar que a bancarrota é uma forma conveniente que o homem encontrou para evitar o pagamento de suas dívidas e "ganhar pontos" às custas de seus credores. Mas é exatamente o oposto que acontece.

A bancarrota é um método de que os credores se utilizam para "ganhar pontos" – se é que devemos continuar usando a sua frase favorita – às custas de alguém e através do qual a lei, lançando mão do confisco de todas as propriedades de um homem, obriga-o a pagar as suas dívidas – e, se ele não consegue fazê-lo, deixa-o tão miserável quanto o mais vulgar dos mendigos, aqueles que se abrigam nos umbrais das portas ou perambulam pelas ruas estendendo a mão para receber a esmola que, pelo menos na Inglaterra, não têm coragem de pedir. A lei me privou não apenas de todos os meus bens: meus livros, móveis, quadros, os direitos de publicação de todas as minhas obras em prosa e verso e das peças teatrais, tudo na verdade, desde *O Príncipe Feliz* e *O Leque de Lady Windermere*, até os tapetes das escadas e as lixas que eu usava para polir as portas da minha casa, como de tudo aquilo que eu possa vir a ter no futuro. Para citar um exemplo, perdi até meus direitos legais ao dote que recebi por ocasião do meu casamento.

Felizmente consegui readquiri-los, graças aos meus amigos, do contrário, se minha mulher viesse a morrer, meus dois filhos ficariam tão pobres quanto eu. E creio que a próxima coisa que perderei serão meus interesses na nossa propriedade da Irlanda, que recebi como herança de meu pai.

Detesto a ideia de ver essa propriedade vendida, mas devo aceitá-la.

Os setecentos *pennies* que devo a seu pai – ou seriam setecentas libras? – são outro obstáculo no meu caminho e devem ser pagos. Mesmo quando eu for despojado de tudo aquilo que possuo e do que vier a possuir, e me concederem a liberdade por julgarem-me irremediavelmente insolvente, ainda assim serei obrigado a pagar as minhas dívidas. Aqueles jantares no Savoy – as sopas de tartaruga, as saborosas aves envoltas em folhas de parreira da Sicília, a suave champanhe que tinha a cor e até o gosto do âmbar – creio que seu vinho favorito era um Dagonet 1880 –, todas essas coisas ainda terão que ser pagas. As ceias no Willis, as *cuvées* especiais de Pierre-Jouet sempre reservadas para nós, os maravilhosos patês vindos diretamente de Strasbourg, o fino champanhe servido em pequenas taças em forma de sino para que seu bouquet pudesse ser melhor degustado pelos verdadeiros apreciadores daquilo que a vida tem de realmente delicioso – nada disso pode deixar de ser pago, como se fossem dívidas propositais de um cliente desonesto. Até as elegantes abotoaduras que eu mesmo desenhei e mandei executar em Henry Lewis como um pequeno presente especial que ofereci a você para comemorar o sucesso de minha segunda comédia, até mesmo essas – quatro adulárias em forma de coração cravejadas de pérolas e cercadas por rubis e diamantes – eu terei que pagar, embora saiba que você as vendeu por uma ninharia alguns meses mais tarde. Não posso deixar de pagar ao joalheiro os presentes que lhe dei, não importa o que tenha sido feito deles. Assim, mesmo que eu venha a ser posto em liberdade, ainda terei que pagar as minhas dívidas.

E o que vale para o falido vale para todo mundo. Alguém precisa sempre pagar por cada coisa que faz. Até mesmo você – com todo esse seu desejo de viver livre de qualquer responsabilidade, a insistência em ter todos os seus caprichos satisfeitos por outras pessoas, sua tentativa de rejeitar qualquer direito ao seu afeto ou a sua gratidão –, até mesmo você terá de refletir seriamente algum dia sobre tudo aquilo que fez e tentar, embora inutilmente, reparar de alguma forma o mal que causou. E o fato de que não conseguirá jamais fazê-lo será parte do seu castigo. Não pode lavar as mãos de toda a responsabilidade e pretender encontrar um novo amigo e uma nova festa com um simples dar de ombros e um sorriso. Não pode tratar todas as desgraças que fez cair sobre a minha cabeça como um assunto que deve ser discutido ocasionalmente ao fim do jantar, para acompanhar os cigarros e o licor, um episódio pitoresco de uma vida cheia de prazeres, algo como uma velha tapeçaria que encontrássemos pendurada na parede de uma hospedaria vulgar. No momento, tudo isso poderá ter o encanto de um novo molho ou de uma nova safra, mas os restos de todo o banquete acabam por deteriorar-se e as últimas gotas esquecidas no fundo da garrafa são sempre azedas. Seja hoje, amanhã ou em outro dia qualquer, será forçado a entender o que lhe digo. De outro modo, poderá morrer sem perceber nada do que aconteceu e então, que vida medíocre, vazia e sem imaginação terá tido. Na minha carta a More, sugeri a melhor maneira de fazê-lo encarar os fatos o mais cedo que puder. Ele lhe dirá qual é. Para entender os acontecimentos é necessário que cultive a sua imaginação. Lembre-se que a imaginação é a faculdade que nos permite ver as coisas e as pessoas tanto em suas relações reais quanto ideais. E se não conseguir entender sozinho, procure o auxílio de outras pessoas, discuta o assunto com elas. Eu fui obrigado a enfrentar meu passado cara a cara. Faça você o mesmo: sente-se em silêncio e pense sobre o assunto. O supremo pecado é a superficialidade. Tudo o que é entendido é certo. Fale com seu irmão a respeito. Na verdade, creio que a pessoa mais indicada para discutir esse assunto com você seria o Percy. Deixe que ele leia esta carta para que conheça todas as circunstâncias da nossa amizade. Quando conhecer todos os fatos, ninguém será capaz de julgá-los melhor do que ele. Se lhe tivéssemos contado a verdade desde o início, quanto sofrimento e quantas desgraças nos teriam sido poupadas!

Lembre-se que eu propus que o fizéssemos naquela noite em que você chegou da Algéria, mas você recusou-se peremptoriamente a aceitar a minha sugestão e assim, quando ele nos veio ver depois do jantar, tivemos que representar a comédia segundo a qual seu pai era um louco sujeito a delírios absurdos e inexplicáveis. Foi uma excelente comédia enquanto durou, quanto mais não fosse pelo fato de que Percy levou tudo a sério. Infelizmente, a história acabou da forma mais repulsiva. O assunto sobre o qual escrevo agora é um dos resultados de tudo isso, e, se ele o perturba, peço-lhe que não esqueça que ele constitui uma das minhas mais profundas humilhações, e uma humilhação que devo enfrentar. Não tenho outra escolha. Você também não.

A segunda coisa sobre a qual tenho que lhe falar refere-se às condições, circunstâncias e local onde deverá acontecer o nosso encontro depois que eu tiver acabado de cumprir a minha pena. Por alguns trechos que li da carta que escreveu a Robbie no verão passado, entendi que fez dois pacotes com as cartas e os presentes que lhe dei – ou pelo menos com o que restou deles – e está ansioso para entregá-los pessoalmente. É claro que eles me devem ser entregues. Você nunca chegou a entender por que eu lhe escrevia aquelas cartas tão belas, assim como jamais entendeu a razão dos belos presentes. Não conseguiu entender que as cartas não tinham sido escritas para serem publicadas, assim como os presentes não tinham sido dados para que você os penhorasse. Além disso, eles pertencem a uma fase da minha vida de há muito encerrada, a uma amizade à qual você, por alguma razão, não soube dar o valor merecido. Deve olhar agora com um certo assombro para aqueles dias em que teve a minha vida inteira em suas mãos. Eu também costumo fazê-lo e, além de assombro, sinto outras emoções bem diferentes.

Naturalmente que para uma pessoa tão moderna quanto eu, um *enfant de mon siècle*, o fato de poder simplesmente olhar para o mundo outra vez será delicioso. Chego a tremer de prazer quando penso que no dia em que eu estiver saindo da prisão, tanto o laburno quanto o lilás estarão florindo nos jardins e que verei o vento sacudindo a beleza inquieta do primeiro, transformando-a em ouro em pó e fazendo com que o outro atire ao vento o roxo de suas plumas de tal maneira que todo o ar terá para mim o gosto da Arábia. Lineu caiu de joelhos e chorou de alegria quando viu pela primeira vez a grande charneca de alguma montanhosa região da Inglaterra cobrir-se do castanho dourado dos botões aromáticos da urze. Sei que um homem como eu, que considera as flores como parte do desejo, haverá de derramar lágrimas ao ver as pétalas de uma rosa. Sempre fui assim, desde a minha infância. Não há cor que se oculte no cálice de uma flor ou na cuna de uma concha a qual, por uma sutil identificação com a própria alma das coisas, a minha natureza não reaja. Tal como Gautier, sempre fui um daqueles *pour qui le monde visible existe*.

Entretanto, tenho consciência agora de que, por trás de toda a beleza, por mais encantadora que ela possa ser, há sempre um espírito oculto, cujo vulto e contornos pintados são apenas formas de manifestação, e é com esse espírito que eu desejo harmonizar-me. Cansei das declarações inteligíveis dos homens e das coisas. Procuro agora o lado místico da Arte, da Vida e da Natureza. É absolutamente necessário que eu o encontre em algum lugar.

Tenho uma estranha nostalgia pelas coisas simples e primitivas, tais como o mar, que é para mim uma mãe tão poderosa quanto a Terra. Parece-me que contemplamos demais a natureza mas convivemos muito pouco com ela. Entendo agora que a atitude dos gregos diante dela era extremamente sadia: eles jamais falavam sobre o crepúsculo ou discutiam o tom que as sombras lançavam sobre a relva. Mas sabiam que o mar fora feito para os nadadores e a areia para os pés dos corredores. Amavam as árvores pelas sombras que elas lançavam e a floresta pelo seu silêncio ao meio-dia. O vinhateiro cobria os cabelos com hera para proteger-se dos raios do sol enquanto se inclinava sobre as plantas tenras, e para os artistas e os atletas, os dois modelos que a Grécia nos legou, eles teciam grinaldas com as folhas do louro e da salsa selvagem que, de outro modo, não teriam qualquer utilidade para o homem.

Chamamos a época em que vivemos de utilitária, mas a verdade é que não sabemos usar praticamente nenhuma das coisas de que dispomos. Esquecemos que a água limpa, o fogo purifica e que a Terra é a mãe de todos nós. Em consequência, nossa arte é da lua e brinca com as sombras, enquanto que a arte grega é do sol e trata diretamente com as coisas. Tenho certeza de que há pureza nas forças mais elementares e quero voltar a elas e viver em sua presença.

Todos os julgamentos julgam a nossa vida, assim como todas as sentenças são sentenças de morte – e eu já fui julgado três vezes. Na primeira, saí do banco dos réus para a prisão, na segunda para retornar à prisão, na terceira para passar ainda dois anos no cárcere. A sociedade, tal como a fizemos, não tem nenhum espaço para me oferecer, mas a natureza cuja doce chuva cai tanto sobre o justo quanto sobre o injusto terá covas nos rochedos onde poderei ocultar-me e vales secretos em cujo silêncio poderei chorar sem ser perturbado. Ela encherá a noite de estrelas para que eu possa caminhar na escuridão sem tropeçar e fará com que o vento apague as minhas pegadas para que ninguém possa ferir-me. Ela me purificará em suas águas claras e curará meus males com suas ervas amargas.

Se tudo correr bem, deverei ser libertado até o fim de maio e espero ir imediatamente para alguma aldeia na beira do mar, no estrangeiro, com Robbie e More.

Pois, como disse Eurípides em uma de suas peças sobre Efigênia, o mar lava as feridas do mundo.

Ao fim de um mês, quando as rosas de junho estiverem em plena floração, farei com que Robbie arranje um encontro com você – se me sentir capaz – em alguma tranquila cidadezinha estrangeira, como Bruges, onde as casas cinzentas, os canais verdes e os caminhos frescos e silenciosos tinham grande encanto para mim há muitos anos. Por agora, será preciso que você mude o seu nome. Aquele título insignificante que tanto o envaidecia – e que na verdade fazia com que seu nome soasse como o nome de uma flor – você terá de abandoná-lo, se é que deseja mesmo ver-me. Assim também o meu nome, que uma vez era como música nos lábios da fama, também terá que ser abandonado. Quão limitado, medíocre e inadequado para o peso que deve carregar é esse século em que vivemos! Pode dar ao sucesso um palácio de pórfiro, mas não concede ao sofrimento e à vergonha sequer uma casa de taipa onde possam habitar. E tudo o que pode fazer por mim é pedir que eu mude o meu nome para outro qualquer, quando até mesmo na Idade Média eu teria recebido o hábito e o capuz de um monge ou o rosto de um leproso atrás dos quais poderia viver em paz.

Espero que o nosso encontro seja tudo o que um encontro entre nós dois deveria ser depois de tudo que aconteceu. Nos velhos tempos sempre houve um abismo a separar-nos, o abismo da arte conquistada e da cultura adquirida. Agora há entre nós um abismo ainda maior: o do sofrimento. Mas nada é impossível para os humildes e tudo se torna mais fácil para aqueles que amam.

Quanto à carta que escreverá em resposta a esta, ela poderá ser tão longa ou tão breve quanto você queira. Enderece o envelope para o diretor, prisão de Sua Majestade, Reading. Dentro, em outro envelope aberto, coloque a sua carta. Se o papel for muito fino, não escreva dos dois lados, pois isso tornaria a leitura difícil para os outros. Tive ampla liberdade para escrever-lhe e você pode fazer o mesmo. Só preciso que me diga por que jamais fez qualquer tentativa para escrever-me desde agosto do ano retrasado e, mais especificamente, depois que em maio do ano passado, há onze meses, portanto, você sabia, e admitiu diante de outras pessoas, que me fizera sofrer e como eu o compreendia.

Esperei meses a fio por uma notícia sua. Mesmo que não estivesse esperando e tivesse fechado a porta para você, deveria ter lembrado que não é possível fechar para sempre a porta ao amor. O juiz injusto de que nos fala o Evangelho acaba finalmente por dar uma decisão justa, porque a justiça bate diariamente à sua porta e à noite o amigo em cujo coração não há uma amizade verdadeira cede finalmente ao seu amigo "por causa de sua insistência". Não há prisão no mundo onde o amor não consiga penetrar, mesmo que seja através da força. Se não foi capaz de entender isso, não entendeu o que é o amor. Depois, quero que conte tudo sobre o artigo que escreveu a meu respeito para o *Mercure de France*. Sei algumas coisas sobre ele, mas é melhor citá-lo tal como foi publicado. Fale-me também sobre os termos exatos da dedicatória que escreveu para os seus poemas. Se foi em prosa, reproduza as frases; se em versos, cite-os. Não tenho a menor dúvida de que serão belos versos. Escreva-me sobre você com a máxima franqueza, sobre a sua vida, seus amigos, suas ocupações, os livros que leu. Seja o que for que tiver a dizer em seu favor, diga-o sem medo. Não escreva nada que não sinta realmente, é tudo o que lhe peço. Se houver na sua carta alguma coisa falsa ou fingida, eu serei capaz de descobri-la imediatamente.

Não é por nada, ou sem qualquer propósito, que no meu culto à literatura, à qual dediquei a minha vida inteira, eu tenha me tornado

> "Avaro do som e da sílaba, não menos
> do que Midas da sua cunhagem."*

Lembre-se também que eu ainda não o conheço. Talvez ainda tenhamos que conhecer-nos. Eu teria outra coisa a dizer-lhe: não tenha medo do passado. Se alguém lhe disser que ele é irrevogável, não acredite. O passado, o presente e o futuro são apenas um instante aos olhos de Deus, sob cujas vistas deveríamos viver. O tempo e o espaço, a sucessão e a extensão são apenas condições acidentais do pensamento. A imaginação pode transcendê-los, e mais do que isso, no

* Keats. (N.E.)

âmbito livre das existências ideais. As coisas serão em sua essência aquilo que desejarmos que elas sejam. Uma coisa existe segundo a forma com que a encaramos. Blake dizia que: "Onde os outros veem apenas o amanhecer surgindo por trás da colina, eu vejo os filhos de Deus gritando de alegria". Quando me deixei pressionar, ingressando com aquela ação contra seu pai, perdi irremediavelmente o que parecia ser o meu futuro, tanto aos meus próprios olhos quanto aos olhos do mundo. Atrevo-me a dizer que, na verdade, eu já o havia perdido muito antes disso. O que vejo agora diante de mim é o meu passado. Preciso obrigar-me a encará-lo com outros olhos e fazer com que o mundo e Deus também o encarem com novos olhos. E nada conseguirei ignorando-o, menosprezando-o, louvando-o ou negando-o. Só terei êxito se aceitá-lo como parte da minha vida e do meu caráter, se inclinar a cabeça e aceitar tudo aquilo que sofri. Esta carta vai mostrar-lhe claramente pela variação e incerteza do meu ânimo, pelo seu tom de escárnio e amargura, suas aspirações e o fracasso de realizar tais aspirações, quão longe estou de encontrar a verdadeira índole da minha alma. Mas não esqueça em que terrível escola me encontro. E por mais imperfeito e incompleto que eu possa ser, ainda poderá aprender muito comigo. Aproximou-se de mim para que eu lhe ensinasse os prazeres da vida e da arte. Talvez eu tenha sido escolhido para ensinar-lhe algo bem mais maravilhoso – o significado do sofrimento e toda a sua beleza.

Seu amigo afetuoso,

Oscar Wilde

1ª CARTA PÓS-PRISÃO DE WILDE PARA O *DAILY CHRONICLE*

Para o Editor do *Daily Chronicle*

27 de maio de 1897*, Dieppe

Senhor, soube com grande pesar, através das colunas de seu jornal, que o carcereiro Martin, da Prisão de Reading, foi demitido pela Comissão da Prisão por ter dado biscoitos a um menininho faminto. Eu mesmo vi os três meninos na segunda-feira que precedeu minha libertação. Eles tinham sido condenados recentemente e estavam em uma fila, no hall central, vestidos com as roupas da prisão e carregando seus lençóis embaixo do braço, antes de serem mandados para as suas celas. Eu casualmente passava por uma das galerias, em direção à recepção onde teria uma entrevista com um amigo. Eles eram crianças bem pequenas, o menor – para o qual o carcereiro deu os biscoitos – uma figurinha tão miúda que eles, evidentemente, não tiveram condições de encontrar

* A carta foi datada dessa maneira quando de sua publicação no *Daily Chronicle*, sob o cabeçalho "O Caso Do Carcereiro Martin, Algumas Crueldades da Vida Em Prisão", no dia 28 de maio, mas foi iniciada presumivelmente por volta do dia 24, quando o *Daily Chronicle* publicou uma carta do carcereiro Martin contando as circunstâncias de sua demissão. Foi adicionado um comentário do Editor: "Nós não temos condições, é claro, de verificar as afirmações de nosso correspondente, mas a publicamos." No dia 28, a carta de Wilde teve o apoio de dois editoriais e de outra carta de Martin, discutindo uma declaração do Secretário dos Negócios do Interior que desmentia as acusações do carcereiro. (N.E.)

roupas que o servissem. É claro que eu já tinha visto muitas crianças presas durante os dois anos que estive confinado. A Prisão de Wandsworth, em especial, tinha sempre um grande número de crianças. Mas a criancinha que eu vi na tarde de segunda-feira, dia 17, em Reading, era menor do que qualquer uma delas. Nem é preciso dizer o quão profundamente abalado fiquei ao ver essas crianças em Reading, porque eu sabia o tratamento que lhes estava reservado. A crueldade que é praticada em crianças, dia e noite, nas prisões inglesas, é inacreditável, exceto para os que já testemunharam e estão cientes da brutalidade do sistema.

As pessoas hoje em dia não entendem o que é crueldade. Elas a veem como um tipo terrível de instinto medieval e a conectam com homens tais como Eccelino da Romano* e outros, para quem a deliberada inflição de dor provocava um prazer louco. Mas homens da laia de Eccelino são simplesmente espécies anormais de individualismo pervertido. A crueldade ordinária é mera estupidez. É uma total falta de imaginação. É o resultado, hoje em dia, de sistemas estereotipados de regras rígidas e imutáveis, e de imbecilidade. Onde há centralização há imbecilidade. O que é desumano na vida moderna é o oficialismo. A autoridade é destrutiva tanto para os que a exercem quanto para os que a sofrem. A Direção da Prisão, e o sistema que ela põe em prática, é a fonte básica da crueldade praticada em uma criança presa. As pessoas que apoiam o sistema têm excelentes intenções. Aqueles que o executam são, também, humanos em suas intenções. A responsabilidade é transferida para as regras disciplinares. Acredita-se que quando uma coisa é regra ela é certa.

O atual tratamento das crianças é terrível, principalmente por parte de pessoas que não entendem a psicologia peculiar da natureza de uma criança. Uma criança consegue entender uma punição imposta por uma pessoa, tal como pai, mãe ou responsável, e suportá-la com um certo grau de aquiescência. O que ela não consegue entender é uma punição

---

* Personagem do *Inferno*, de Dante. (N.E.)

imposta pela sociedade. Ela não consegue compreender o que é a sociedade. Com adultos acontece o contrário, é claro. Aqueles de nós que estão na prisão têm condições de entender, e entendem, o que significa aquela força coletiva chamada sociedade e, qualquer que seja nossa opinião sobre seus métodos ou exigências, podemos nos forçar a aceitá-los. A punição imposta por um indivíduo, por outro lado, é algo que nenhum adulto suporta ou se espera que vá suportar.

A criança, consequentemente, sendo tirada de seus pais por pessoas que nunca viu e sobre as quais ela nada sabe, e encontrando-se em uma cela solitária e desconhecida, seguida por rostos estranhos e dominada e punida por representantes de um sistema, o qual não consegue entender, torna-se uma presa fácil para a primeira e mais proeminente emoção produzida pela vida em prisões modernas – a emoção do terror. O terror de uma criança na prisão é quase sem limites. Eu lembro uma vez em Reading, ao sair para fazer exercícios, de ver um menininho na escura cela em frente à minha. Dois carcereiros – não desumanos – estavam conversando com ele, aparentemente com alguma aspereza ou talvez dando alguns conselhos úteis sobre sua conduta. Um estava na cela com ele e outro estava fora. O rosto da criança estava branco de puro terror. Havia em seus olhos o medo de um animal caçado. Na manhã seguinte, no café, eu o vi chorando e pedindo para ser solto. Ele chorava e pedia por seus pais. De tempos em tempos eu ouvia a voz do carcereiro de plantão mandando-o ficar quieto. Todavia ele ainda nem tinha sido condenado por qualquer que fosse o pequeno delito do qual era acusado. Ele estava simplesmente em prisão preventiva. Eu soube disso ao observar que ele usava suas próprias roupas, as quais me pareceram bem ajeitadas. Entretanto ele estava usando meias e sapatos da prisão. Isto mostrava que era um menino muito pobre cujos sapatos, se é que ele tinha algum, estavam em péssimo estado. Os Juízes, uma classe via de regra totalmente ignorante, com frequência ordenam a detenção de crianças por uma semana e depois suspendem qualquer que seja a sentença que eles teriam que cumprir. Eles chamam isso de "não mandar uma criança para prisão". Isso é sem dúvida uma visão estúpida. Para uma criança pequena, a diferença entre estar detido ou condenado é uma sutileza que ela não consegue compreender. Para ela o terrível é estar ali. Aos olhos da humanidade, deveria ser terrível ela estar ali.

Esse terror que se apossa e domina a criança, da mesma forma que se apossa do adulto, é com certeza intensificado, além dos limites, pelo sistema de celas individuais de nossas prisões. Cada criança é confinada a sua cela por 23 das 24 horas do dia. É estarrecedor. Fechar uma criança em uma cela mal iluminada por 23 horas do dia é um exemplo de como a imbecilidade pode ser cruel. Se um pai ou responsável fizesse isso a uma criança ele seria severamente punido. A Sociedade de Prevenção da Crueldade com Crianças assumiria o caso imediatamente. Haveria um ódio mortal de quem quer que fosse o culpado de tal crueldade. Uma pesada sentença sem dúvida viria após a condenação. Mas a nossa própria sociedade faz pior, e é muito pior para a criança ser tratada por uma força estranha e abstrata, de cujas reivindicações ela não tem nenhum conhecimento, do que receber o mesmo tratamento de seu pai, mãe ou alguém que ele conheça. O tratamento desumano de uma criança é sempre desumano, quem quer que seja o infligidor. Mas o tratamento desumano pela sociedade é para a criança o mais terrível, porque não há apelação. Um pai ou responsável pode se comover e deixar a criança sair do quarto escuro ao qual está confinada. Mas um carcereiro não. Muitos carcereiros gostam muito de crianças. Mas o sistema proíbe-os de dar-lhes qualquer assistência. Se o fizerem, como fez o carcereiro Martin, são despedidos.

O segundo problema que uma criança enfrenta na prisão é a fome. A alimentação que lhe é dada consiste de um pedaço de pão, normalmente mal assado, e de uma caneca de água no café, às sete e meia da manhã. Ao meio-dia ele ganha um almoço composto de uma papa de uma comida indiana qualquer, e às cinco e meia, como janta, ele recebe um pedaço de pão seco e uma caneca de água. Esta dieta, no caso de um adulto forte, sempre provoca alguma doença, principalmente diarreia, é claro, resultante de sua fraqueza. De fato, nas grandes penitenciárias, remédios adstringentes são regularmente distribuídos pelos carcereiros como algo rotineiro. No caso de uma criança, via de regra ela é incapaz de comer o que lhe oferecem. Qualquer um que conheça alguma coisa sobre crianças sabe com que facilidade a digestão delas é afetada por um ataque de choro ou uma dificuldade e esgotamento mental de qualquer tipo. Uma criança que tiver chorado o dia inteiro, e talvez metade da noite, em uma cela solitária e mal iluminada, atormentada pelo medo, simplesmente não consegue comer esse tipo de comida, horrível e malfeita. No caso da criancinha para quem o carcereiro Martin deu os biscoitos, ela estava chorando de fome na terça-feira pela manhã, mas completamente sem condições de comer o pão e a água servidos no café da manhã. Martin saiu após o café da manhã ter sido servido e comprou uns biscoitos doces para a criança para não vê-la passando fome. Foi um belo gesto de sua parte, o qual foi reconhecido pela criança que, totalmente desavisada do regulamento da prisão, contou para uma das chefias como o seu subordinado tinha sido bom com ele. O resultado foi, é claro, um relatório e uma demissão.

Conheço Martin muitíssimo bem e estive sob sua guarda nas minhas últimas sete semanas de cárcere. Em Reading ele era encarregado da Galeria C, na qual eu estava confinado, então eu o via constantemente. Fiquei impressionado pela maneira gentil e humana com que ele falava comigo e com os outros prisioneiros. Palavras amáveis valem muito na prisão, e um cordial "Bom-Dia" ou "Boa-Noite" fazem uma pessoa tão feliz quanto ela possa ser dentro de uma prisão. Ele era sempre gentil e atencioso. Eu soube de um outro caso onde ele mostrou grande bondade para com um dos prisioneiros, e não hesito em mencioná-lo. Uma das coisas mais terríveis na prisão é a precariedade das instalações sanitárias. Nenhum prisioneiro, sob nenhuma circunstância, é autorizado a deixar sua cela depois das cinco e meia da tarde. Se ele estiver com diarreia, consequentemente, ele vai ter que usar sua cela como latrina e passar a noite na mais fétida e insalubre atmosfera. Alguns dias antes de minha libertação, Martin estava circulando com um dos seus superiores, às sete da noite, com o objetivo de recolher estopas e ferramentas dos prisioneiros. Um homem recentemente condenado e sofrendo de violenta diarreia em consequência da alimentação, como é sempre o caso, pediu ao superior para deixá-lo jogar fora sua sujeira em função do terrível mau cheiro da cela e da possibilidade do mal voltar durante a noite. O carcereiro recusou terminantemente; era contra o regulamento. O homem teria que passar a noite nessas terríveis condições. Martin, entretanto, para não deixar esse homem arrasado em uma situação tão difícil, disse que ele mesmo jogaria fora a sujeira, e assim o fez. Um carcereiro jogar fora a sujeira de um prisioneiro é sem dúvida contra o regulamento, mas Martin fez esse ato de bondade em função de sua natureza humana, e o homem, naturalmente, ficou muito agradecido.

Com respeito às crianças, muita coisa tem sido falada e escrita ultimamente sobre a influência contaminadora da prisão sobre elas. O que tem sido dito é bem verdade. Uma criança é totalmente contaminada pela vida em prisão. Mas a influência contaminadora não é a dos prisioneiros. É a de todo o sistema penitenciário – do diretor, do capelão, dos carcereiros, a cela solitária, o isolamento, a comida repugnante, as regras da Comissão da Prisão, o tipo de disciplina do que eles chamam de vida. Todo o cuidado é tomado para isolar uma criança da vista de todos os prisioneiros acima de 16 anos de idade. Na capela, as crianças sentam atrás de uma cortina e são levadas para fazer exercícios em pátios pequenos e sombrios – às vezes um pátio pedregoso, às vezes um pátio atrás dos moinhos –, de tal maneira que não vejam os prisioneiros mais velhos se exercitando. Mas a única influência realmente humanizadora na prisão é a influência dos prisioneiros. O seu bom humor sob circunstâncias terríveis, sua solidariedade, sua humildade, sua gentileza, seus sorrisos amáveis de saudação quando se encontram, sua total submissão às suas punições, são todos maravilhosos e eu mesmo aprendi boas lições com eles. Eu não estou propondo que as crianças não sentem atrás da cortina na capela, ou que façam exercícios em um canto do pátio comum. Estou simplesmente apontando que a má influência em crianças não é, e nunca poderia ser, a dos prisioneiros, mas é, e sempre será, a do próprio sistema. Não há um único homem na Prisão de Reading que não aceitasse de bom grado cumprir a punição das três crianças. A última vez em que as vi foi na terça-feira após sua condenação. Eu estava fazendo exercícios, às onze e meia da manhã, com mais ou menos doze outros homens, quando as três crianças passaram perto de nós, sob a guarda de um carcereiro, vindas do pátio pedregoso e úmido onde estavam se exercitando. Vi nos olhos dos meus companheiros a maior piedade e solidariedade. Os prisioneiros são, como classe, extremamente gentis e solidários uns com os outros. O sofrimento e o sofrimento em comunidade tornam as pessoas bondosas, e dia após dia, ao perambular pelo pátio, eu sentia com prazer e conforto o que Carlyle em algum lugar chamou de "o encanto rítmico e silencioso da companhia humana". Nisso, e em muitas outras coisas, filantropos e pessoas desse tipo estão errados. Não são os prisioneiros que precisam de correção. São as prisões.

É claro que crianças de menos de 14 anos não deveriam ser mandadas para a prisão. É um absurdo e, como muitos absurdos, com resultados totalmente trágicos. Se, entretanto, elas têm que ser mandadas para a prisão, durante o dia elas deveriam estar em uma oficina ou sala de aula com um carcereiro. À noite, deveriam dormir em um dormitório, com um carcereiro para tomar conta delas. Elas deveriam ser autorizadas a fazer exercícios pelo menos três horas por dia. As celas escuras, malventiladas e malcheirosas são terríveis para uma criança; na verdade, terríveis para qualquer um. Na prisão sempre se respira um ar ruim. A comida dada para crianças deveria consistir de chá, pão com manteiga e sopa. A sopa na prisão é muito boa e saudável. Uma resolução da Câmara dos Comuns poderia resolver o tratamento de crianças, em meia hora. Espero que você use sua influência para resolver isto. A maneira como as crianças são tratadas, no momento, é um ultraje ao sentimento de humanidade e ao bom senso. Ela se origina na imbecilidade.

Deixe-me chamar a atenção para outra coisa terrível que acontece nas prisões inglesas, na realidade em prisões em todo mundo onde é usado o sistema do silêncio e do confinamento em celas. Eu me refiro ao grande número de homens, na prisão, que enlouquecem ou se tornam imbecis. Em prisões de criminosos de alta periculosidade isso é bem comum, é claro; mas também em prisões comuns, como aquela onde fui confinado, estes casos podem ser encontrados.

Há mais ou menos três meses notei entre os prisioneiros que se exercitavam comigo um jovem que me parecia tolo ou imbecil. É claro que cada prisão tem seus clientes meio idiotas, que retornam repetidas vezes e pode-se dizer que vivem na prisão. Mas este jovem me deu a impressão de ser mais que um simples idiota devido ao sorriso forçado e à risada à toa, para ele mesmo, e à inquietação de suas mãos eternamente contraídas. Ele foi notado por todos os prisioneiros pela estranheza de sua conduta. De tempos em tempos ele não aparecia para os exercícios, o que demonstrava que ele estava confinado a sua cela, como forma de punição. Finalmente descobri que ele estava sob observação e sendo controlado dia e noite por carcereiros. Quando ele surgia parecia sempre histérico, e costumava passear chorando ou rindo. Na capela ele tinha que sentar perto de dois carcereiros que o observavam atentamente todo o tempo. Às vezes ele enterrava a cabeça nas mãos, uma ofensa contra o regulamento da capela, e era imediatamente golpeado por um carcereiro para que mantivesse seus olhos permanentemente fixos na direção do altar. Às vezes ele chorava – sem perturbar, mas com lágrimas rolando em sua face e uma vibração histérica na garganta. Às vezes ria sozinho, com um sorriso idiota, e fazia caretas. Mais de uma vez foi mandado embora da capela para sua cela, e era continuamente punido, é claro. Como o banco onde eu costumava sentar na capela era logo atrás do banco no qual esse desventurado era colocado, tive oportunidade de observá-lo bem. Eu também o vi continuamente durante os exercícios, é claro, e notei que ele estava ficando louco e sendo tratado como se estivesse fingindo.

No sábado, na última semana, mais ou menos à uma hora, eu estava em minha cela ocupado, limpando e polindo as latas que tinha usado no almoço. Subitamente o silêncio da prisão foi quebrado e eu fui surpreendido pelos mais horríveis e revoltantes guinchos, ou melhor, urros, já que num primeiro momento pensei que algum animal, como um touro ou uma vaca, estivesse sendo abatido por alguém inexperiente, fora da prisão. Entretanto, logo me dei conta de que os urros vinham do porão da prisão, e eu sabia que algum desgraçado estava sendo açoitado. Nem é preciso dizer o quão chocante e terrível isso foi para mim, e comecei a imaginar quem estaria sendo punido desta maneira revoltante. De repente dei-me conta de que eles poderiam estar açoitando o infeliz lunático. Minhas impressões sobre o assunto não precisam ser relatadas; elas não têm nada a ver com a questão.

No dia seguinte, domingo, dia 16, vi o pobre sujeito no pátio, seu rosto debilitado, feio e triste, inchado pelas lágrimas e pela histeria, quase irreconhecível. Ele caminhava no círculo central junto com os velhos, os mendigos e os aleijados, de maneira que eu pude observá-lo o tempo todo. Era o meu último domingo na prisão, um dia muito agradável, o melhor que nós tínhamos tido durante todo o ano, e lá, embaixo do lindo sol, caminhava essa pobre criatura – uma vez feita à imagem de Deus – sorrindo como um macaco e fazendo os mais fantásticos gestos com suas mãos, como se estivesse tocando, no ar, algum instrumento de cordas invisível, ou arrumando e distribuindo fichas em algum jogo estranho. Todo o tempo essas lágrimas histéricas, sem as quais nós nunca o vimos, deixavam marcas sujas em seu rosto pálido e inchado. A chocante e deliberada graça de seus gestos o deixava ridículo. Ele era um ser grotesco. Todos os outros prisioneiros o observavam, mas nenhum sorria. Todos sabiam o que tinha acontecido com ele, e que ele estava sendo levado à loucura – já estava louco. Depois de meia hora ele foi mandado para dentro, pelo carcereiro, e suponho que foi punido. Pelo menos ele não estava presente durante os exercícios, na segunda-feira, apesar de achar que o vi caminhando no canto do pátio de pedras, sob os cuidados de um carcereiro.

Na terça-feira – meu último dia na prisão – eu o vi durante os exercícios. Ele estava pior que antes, e novamente foi mandado para dentro. Desde lá não sei nada sobre ele, mas soube através de um dos prisioneiros que caminhava comigo que ele tinha levado vinte e quatro chicotadas, na cozinha, no sábado à tarde, por ordem dos juízes visitantes baseados no relatório médico. Os urros que tinham nos horrorizado eram dele.

Este homem está, sem dúvida, ficando louco. Os médicos da prisão não têm conhecimento algum sobre doenças mentais de qualquer tipo. Eles são, enquanto classe, homens ignorantes. A patologia da psique é desconhecida para eles. Quando um homem fica louco eles o tratam como um simulador. Eles o punem repetidas vezes. Naturalmente o homem fica pior. Quando as punições normais são esgotadas, os médicos relatam o caso para os juízes. O resultado são as chicotadas. É claro que o açoitamento não é feito com chicote de nove tiras. É com a chamada vara de vidoeiro. O instrumento é uma vara; mas o resultado no destroçado imbecil pode ser imaginado.

Seu número é, ou era, A.2.II. Também consegui saber seu nome. É Prince. Alguma coisa tem que ser feita por ele, logo. Ele é um soldado e sua sentença é do Conselho de Guerra. A duração da pena é de seis meses. Ainda há três para serem cumpridos. Eu poderia pedir que você usasse sua influência para que esse caso seja examinado, e para ver se esse prisioneiro lunático é tratado de maneira apropriada?

Nenhum relatório da comissão médica tem alguma validade. Não se pode dar crédito. Os inspetores médicos não parecem entender a diferença entre idiotice e insanidade – entre a total ausência de uma função ou órgão e as doenças de uma função ou órgão. Este homem A.2.II será capaz, não tenho dúvida, de dizer seu nome, a natureza de seu delito, o dia do mês, a data do início e do fim de sua sentença, e responder a qualquer pergunta simples; mas que sua mente é doente admite-se sem dúvida alguma. No momento há um terrível duelo entre ele e o médico. O médico está lutando por uma teoria. O homem está lutando por sua vida. Estou ansioso para que o homem vença. Mas deixemos que o caso seja examinado por peritos que entendam de doenças do cérebro, e por pessoas com sentimentos humanos que ainda tenham algum bom senso e alguma compaixão. Não há nenhum motivo para que o sentimental seja chamado a interferir. Ele sempre provoca danos.

O caso é um exemplo especial da crueldade inseparável de um sistema estúpido, porque o atual Diretor de Reading é um homem de caráter gentil e humano, muito estimado e respeitado por todos os prisioneiros. Ele foi indicado no mês de julho passado, e, embora não possa alterar as regras da prisão, ele alterou a maneira na qual elas eram executadas sob as ordens de seu predecessor. Ele é muito benquisto entre os prisioneiros e entre os carcereiros. De fato, ele alterou em muito o espírito da vida em prisão. Por outro lado, o sistema está, é claro, fora de seu alcance no que concerne a alteração de regras. Não tenho dúvidas de que ele vê diariamente o que ele sabe ser injusto, imbecil e cruel. Mas suas mãos estão atadas. É claro que eu não tenho nenhum conhecimento de seu ponto de vista sobre o caso A.2.II, nem mesmo de seu ponto de vista sobre o atual sistema. Eu simplesmente o julgo pela completa mudança que ele realizou na Prisão de Reading. Sob as ordens de seu predecessor o sistema era posto em prática com a maior aspereza e imbecilidade.

Permaneço, Senhor, seu obediente criado

Oscar Wilde

2ª carta pós-prisão de Wilde para o *Daily Chronicle*

Para o Editor do *Daily Chronicle*

23 de Março de 1898, Paris

Senhor, entendo que o Projeto de Lei do Ministério dos Negócios Interiores de Reforma das Prisões está por ser lido esta semana, pela 1ª ou 2ª vez, e como seu jornal tem sido o único da Inglaterra com um interesse real e vital nessa questão tão importante, espero que me permita, como alguém com uma longa experiência pessoal da vida em uma prisão inglesa, apontar quais as reformas que são mais urgentes e necessárias neste nosso estúpido e bárbaro sistema.

Através de um editorial publicado em suas colunas há duas semanas eu soube que a principal reforma proposta é o aumento do número de inspetores e funcionários visitantes que devem ter acesso a nossas prisões.

Tal reforma é totalmente inútil. A razão é extremamente simples. Os inspetores e Juízes de Paz que visitam nossas prisões o fazem com o propósito de verificar se o regulamento está sendo cumprido. Eles não vêm com outro propósito e nem têm nenhum poder, mesmo que tivessem vontade, de alterar um simples artigo do regulamento. Nenhum prisioneiro jamais teve o menor conforto, atenção ou cuidado por parte de algum funcionário visitante. Os visitantes não vêm para ajudar os prisioneiros, mas sim para ver se o regulamento está sendo cumprido. O seu objetivo é assegurar o cumprimento de um regulamento absurdo e desumano. E, como eles têm que mostrar alguma utilidade, tratam de fazê-lo com o maior cuidado. Um prisioneiro que tenha conseguido um pequeno privilégio teme a chegada dos inspetores. E no dia de qualquer inspeção da prisão os funcionários são mais agressivos com os prisioneiros que o normal. O objetivo deles, obviamente, é o de mostrar a esplêndida disciplina que eles conseguem manter.

As reformas necessárias são muito simples. Elas dizem respeito às necessidades do corpo e da mente de cada infeliz prisioneiro. Com referência ao primeiro, nas prisões inglesas há três punições permanentes, autorizadas por Lei:

1. Fome
2. Insônia
3. Doença

A comida fornecida aos prisioneiros é totalmente inadequada. E mais, é insuficiente. Cada prisioneiro sofre dia e noite de fome. Uma certa quantidade de comida é cuidadosamente pesada, grama por grama, para cada prisioneiro. É somente o suficiente para manter, não exatamente a vida, mas a existência. Mas se é sempre torturado pela dor e pela náusea da fome.

O resultado da alimentação – que na maioria dos casos consiste de uma sopa magra, um pão mal assado, sebo e água – é a doença em forma de uma incessante diarreia. Esta enfermidade, que no final torna-se uma doença permanente para a maioria dos prisioneiros, é uma instituição reconhecida em cada prisão. Na Penitenciária de Wandsworth, por exemplo – onde fui confinado por dois meses até ser carregado para o hospital, onde permaneci outros dois meses –, os carcereiros circulam duas ou três vezes por dia distribuindo remédios adstringentes para os prisioneiros, como uma coisa muito natural. Após uma semana de tratamento nem é preciso dizer que os remédios não fazem o menor efeito. O infeliz prisioneiro, então, torna-se presa desta enfermidade a mais enfraquecedora, depressiva e humilhante que se pode imaginar; e se ele falha em completar as voltas da manivela ou do moinho* a ele exigidas, como seguidamente acontece, é denunciado como negligente. Mas isso não é tudo.

Nada pode ser pior que as instalações sanitárias das Prisões Inglesas. Antigamente cada cela tinha uma espécie de latrina. Agora essas latrinas foram proibidas. Não existem mais. Em seu lugar é fornecido a cada prisioneiro um pequeno vaso de metal. Três vezes por dia o prisioneiro pode esvaziar seus dejetos. Mas não é permitido o acesso aos banheiros da prisão, exceto durante aquela hora em que estão fazendo exercícios. E depois das cinco da tarde não é permitido que o prisioneiro deixe sua cela, sob nenhum pretexto ou por nenhuma razão. Um homem sofrendo de diarreia é, consequentemente, colocado em uma posição tão abominável que nem é necessário estender o assunto, sendo até inconveniente fazê-lo. O tormento e as torturas que os prisioneiros sofrem como consequência das revoltantes instalações sanitárias são indescritíveis. E o ar fétido das celas, aumentado pelo sistema de ventilação totalmente ineficiente, é tão nauseante e insalubre que não é raro que os carcereiros passem mal quando entram pela manhã, vindos da rua, do ar fresco, e abrem e inspecionam cada cela. Eu mesmo vi isso acontecer em mais de três ocasiões, e diversos carcereiros mencionaram este fato como uma das coisas terríveis que seu ofício impõe.

A alimentação fornecida aos prisioneiros deveria ser adequada e saudável. Não deveria ser do tipo que produz a incessante diarreia que, a princípio uma enfermidade, se transforma em uma doença permanente.

As instalações sanitárias das Prisões Inglesas devem ser totalmente alteradas. Todo o prisioneiro deveria ser

---

**Treadmill:* moinho usado antigamente como castigo e que era movido por uma grande roda provida de degraus que uma ou duas pessoas faziam girar. A manivela e o moinho foram abolidos pelo *Prison Act* de 1898. Wilde escreveu sua segunda carta para o *Daily Chronicle* quando a medida estava frente ao Parlamento. (N.T.)

autorizado a ter acesso aos banheiros, quando necessário, e esvaziar seus dejetos. O atual sistema de ventilação das celas é totalmente inútil. O ar entra através de grades obstruídas e de um pequeno ventilador colocado na minúscula janela de barras, que é por demais pequena e malconstruída para admitir uma quantidade suficiente de ar fresco.

Somente é permitido sair da cela por uma hora das 24 que compõem o longo dia, e então, por 23 horas, respira-se o ar mais fétido possível.

Com respeito à punição da insônia, ela só existe em Prisões Inglesas e Chinesas. Na China ela é imposta colocando-se o prisioneiro em uma pequena jaula de bambu; na Inglaterra, por meio de uma cama de tábuas. O objetivo da cama de tábuas é o de produzir insônia. Não há outro objetivo e invariavelmente tem sucesso. E mesmo quando nos é permitido um colchão duro, como acontece no decurso do aprisionamento, ainda assim se sofre de insônia. Porque dormir, como todas as coisas saudáveis, é um hábito. O prisioneiro que já tenha dormido em uma cama de tábuas sofre de insônia. É uma punição revoltante e ignorante.

Com respeito às necessidades da mente eu imploro que me permitam dizer alguma coisa.

O atual sistema penitenciário parece quase ter como objetivo a demolição e a destruição das faculdades mentais. A produção de insanidade é, senão seu objetivo, certamente seu resultado. Este é um fato bem comprovado. Suas causas são óbvias. Privado de livros, de todo o relacionamento humano, isolado de toda a influência humana e humanizadora, condenado ao silêncio eterno, roubado de toda a relação com o mundo externo, tratado como um animal sem inteligência, mais brutalizado que um selvagem, o infeliz que é confinado em uma prisão inglesa dificilmente escapa da loucura. Eu não quero me estender sobre esses horrores; ainda menos excitar qualquer interesse sentimental momentâneo sobre esses assuntos. Então vou simplesmente, com sua permissão, apontar o que deveria ser feito.

Cada prisioneiro deveria ter uma provisão adequada de livros. No momento, durante os três primeiros meses de aprisionamento, não é permitido nenhum livro, exceto a Bíblia, o livro de orações e o livro de hinos. Depois disso é permitido um livro por semana. Isto não é somente inadequado, mas também os livros que compõem a biblioteca de uma prisão comum são totalmente inúteis. Eles consistem, principalmente, de livros religiosos mal escritos, de terceira linha, aparentemente escritos para crianças e completamente impróprios para crianças ou para qualquer um. Os prisioneiros deveriam ser encorajados a ler e deveriam ter qualquer livro que desejassem, e os livros deveriam ser bem escolhidos. No momento, a seleção de livros é feita pelo capelão da prisão.

Sob o atual sistema só é permitido ao prisioneiro ver seus amigos quatro vezes por ano, por 20 minutos cada vez. Isto é muito errado. Um prisioneiro deveria poder ver seus amigos uma vez por mês, e por um tempo razoável. A maneira atual, em voga, de exibir um prisioneiro a seus amigos deveria ser alterada. Sob o atual sistema ou o prisioneiro é trancafiado em uma grande jaula de ferro ou em uma grande caixa de madeira, com uma pequena abertura, coberta com uma rede de arame, através da qual ele é autorizado a espiar. Seus amigos são colocados em uma jaula similar, a 3 ou 4 pés de distância, e dois carcereiros colocam-se entre eles para escutar e, se quiserem, interromper ou acabar com a conversa conforme o caso. Proponho que o prisioneiro seja autorizado a ver seus parentes ou amigos em uma sala. O regulamento atual é extremamente revoltante e atormentador. Uma visita de parentes ou amigos é, para cada prisioneiro, uma intensificação da humilhação e do esgotamento mental. Muitos prisioneiros recusam-se a ver seus amigos para não ter que suportar tal provação. E eu não posso dizer que fico surpreso. Quando o prisioneiro vê seu advogado é em uma sala com uma porta de vidro, com um guarda postado do outro lado. Quando um homem vê sua mulher e filhos, seus parentes ou seus amigos, deveria ter o mesmo privilégio. Ser exibido como um macaco em uma jaula para pessoas que gostam de nós e que nos são caras é uma degradação horrível e sem sentido.

Cada prisioneiro deveria ser autorizado a escrever e receber uma carta pelo menos uma vez por mês. Atualmente é permitido escrever somente quatro vezes por ano. Isso é insuficiente. Uma das tragédias da vida em prisão é que ela transforma o coração de um homem em pedra. O afeto, como todos os outros sentimentos, necessita ser alimentado. Eles morrem facilmente de inanição. Uma carta breve, quatro vezes por ano, não é suficiente para manter vivos os sentimentos mais suaves e humanos através dos quais, em última análise, a natureza é mantida sensível às influências boas ou belas, as quais podem curar uma vida desgraçada e em ruínas.

O hábito de truncar e censurar as cartas dos prisioneiros deveria acabar. No momento, se em uma carta um prisioneiro faz uma reclamação do sistema penitenciário, esse pedaço é cortado fora com uma tesoura. Se, por outro lado, ele faz alguma reclamação ao conversar com seus amigos através das barras da cela, ou da abertura da caixa de madeira, ele é maltratado pelos carcereiros e denunciado para punição todas as semanas, até que venha sua próxima visita. Até lá é esperado que ele tenha aprendido, não sabedoria, mas astúcia, e isto sempre se aprende. É uma das poucas coisas que realmente se aprende na prisão. Felizmente as outras coisas são mais importantes em algumas ocasiões.

Se eu puder usar um pouco mais o seu espaço, poderia dizer o seguinte? Você sugeriu em seu editorial que nenhum capelão de prisão deveria ser autorizado a ter assistência ou emprego fora da Penitenciária. Mas isso é irrelevante. Os capelões são totalmente inúteis. Eles, como classe, são bem intencionados, mas como homens são tolos, bobos mesmo. Eles não ajudam os prisioneiros em nada. Uma vez a cada seis semanas uma chave abre a porta da cela e o capelão entra. Levanta-se, é claro, em consideração. Ele pergunta se temos lido a Bíblia. Responde-se "sim" ou "não", conforme o caso. Ele então faz algumas citações, sai e tranca a porta. Às vezes deixa um panfleto.

Os funcionários que não deveriam ter nenhum outro emprego ou clientela particular são os médicos da prisão. No momento eles têm, normalmente, se não sempre, uma enorme clientela particular e atendem em outras instituições. As consequências disso são a total negligência com a saúde dos prisioneiros e o completo esquecimento quanto às condições sanitárias da prisão. Como classe, considero e sempre considerei os médicos, desde a mais tenra juventude, de longe a mais humana das profissões. Mas eu devo abrir uma exceção para os médicos da prisão. Eles são, até onde eu os conheço e pelo que vi no hospital e em outros locais, brutos na maneira de agir, grosseiros no temperamento e completamente indiferentes à saúde dos prisioneiros ou seu conforto. Se os médicos da prisão fossem proibidos de ter sua prática particular eles seriam forçados a dar alguma atenção às condições sanitárias e de saúde das pessoas sob seus cuidados.

Nesta carta tentei indicar algumas das reformas necessárias ao nosso sistema penitenciário inglês. Elas são simples, práticas e humanas. Elas são, é claro, somente um começo. Mas já está na hora deste começo e ele só poderá acontecer com uma forte pressão pública manifestada em seu poderoso jornal e encorajada por ele.

Mas para conseguir que mesmo essas reformas sejam eficazes, muito tem de ser feito. E a primeira tarefa, e talvez a mais difícil, é humanizar os diretores das Prisões, civilizar os carcereiros e cristianizar os capelões. Seu etc.

O autor de *A Balada do Cárcere de Reading*

Coleção **L&PM** POCKET (ÚLTIMOS LANÇAMENTOS)

870(16).**Billie Holiday** – Sylvia Fol
871.**Bidu arrasando!** – Mauricio de Sousa
872.**Desventuras em família** – Mauricio de Sousa
874.**E no final a morte** – Agatha Christie
875.**Guia prático do Português correto – vol. 4** – Cláudio Moreno
876.**Dilbert (6)** – Scott Adams
877(17).**Leonardo da Vinci** – Sophie Chauveau
878.**Bella Toscana** – Frances Mayes
879.**A arte da ficção** – David Lodge
880.**Striptiras (4)** – Laerte
881.**Skrotinhos** – Angeli
882.**Depois do funeral** – Agatha Christie
883.**Radicci 7** – Iotti
884.**Walden** – H. D. Thoreau
885.**Lincoln** – Allen C. Guelzo
886.**Primeira Guerra Mundial** – Michael Howard
887.**A linha de sombra** – Joseph Conrad
888.**O amor é um cão dos diabos** – Bukowski
890.**Despertar: uma vida de Buda** – Jack Kerouac
891(18).**Albert Einstein** – Laurent Seksik
892.**Hell's Angels** – Hunter Thompson
893.**Ausência na primavera** – Agatha Christie
894.**Dilbert (7)** – Scott Adams
895.**Ao sul de lugar nenhum** – Bukowski
896.**Maquiavel** – Quentin Skinner
897.**Sócrates** – C.C.W. Taylor
899.**O Natal de Poirot** – Agatha Christie
900.**As veias abertas da América Latina** – Eduardo Galeano
901.**Snoopy: Sempre alerta! (10)** – Charles Schulz
902.**Chico Bento: Plantando confusão** – Mauricio de Sousa
903.**Penadinho: Quem é morto sempre aparece** – Mauricio de Sousa
904.**A vida sexual da mulher feia** – Claudia Tajes
905.**100 segredos de liquidificador** – José Antonio Pinheiro Machado
906.**Sexo muito prazer 2** – Laura Meyer da Silva
907.**Os nascimentos** – Eduardo Galeano
908.**As caras e as máscaras** – Eduardo Galeano
909.**O século do vento** – Eduardo Galeano
910.**Poirot perde uma cliente** – Agatha Christie
911.**Cérebro** – Michael O'Shea
912.**O escaravelho de ouro e outras histórias** – Edgar Allan Poe
913.**Piadas para sempre (4)** – Visconde da Casa Verde
914.**100 receitas de massas light** – Helena Tonetto
915(19).**Oscar Wilde** – Daniel Salvatore Schiffer
916.**Uma breve história do mundo** – H. G. Wells
917.**A Casa do Penhasco** – Agatha Christie
919.**John M. Keynes** – Bernard Gazier
920(20).**Virginia Woolf** – Alexandra Lemasson
921.**Peter e Wendy** *seguido de* **Peter Pan em Kensington Gardens** – J. M. Barrie
922.**Aline: numas de colegial (5)** – Adão Iturrusgarai
923.**Uma dose mortal** – Agatha Christie
924.**Os trabalhos de Hércules** – Agatha Christie
926.**Kant** – Roger Scruton
927.**A inocência do Padre Brown** – G.K. Chesterton
928.**Casa Velha** – Machado de Assis
929.**Marcas de nascença** – Nancy Huston
930.**Aulete de bolso**
931.**Hora Zero** – Agatha Christie
932.**Morte na Mesopotâmia** – Agatha Christie
934.**Nem te conto, João** – Dalton Trevisan
935.**As aventuras de Huckleberry Finn** – Mark Twain
936(21).**Marilyn Monroe** – Anne Plantagenet
937.**China moderna** – Rana Mitter
938.**Dinossauros** – David Norman
939.**Louca por homem** – Claudia Tajes
940.**Amores de alto risco** – Walter Riso
941.**Jogo de damas** – David Coimbra
942.**Filha é filha** – Agatha Christie
943.**M ou N?** – Agatha Christie
945.**Bidu: diversão em dobro!** – Mauricio de Sousa
946.**Fogo** – Anaïs Nin
947.**Rum: diário de um jornalista bêbado** – Hunter Thompson
948.**Persuasão** – Jane Austen
949.**Lágrimas na chuva** – Sergio Faraco
950.**Mulheres** – Bukowski
951.**Um pressentimento funesto** – Agatha Christie
952.**Cartas na mesa** – Agatha Christie
954.**O lobo do mar** – Jack London
955.**Os gatos** – Patricia Highsmith
956(22).**Jesus** – Christiane Rancé
957.**História da medicina** – William Bynum
958.**O Morro dos Ventos Uivantes** – Emily Brontë
959.**A filosofia na era trágica dos gregos** – Nietzsche
960.**Os treze problemas** – Agatha Christie
961.**A massagista japonesa** – Moacyr Scliar
963.**Humor do miserê** – Nani
964.**Todo o mundo tem dúvida, inclusive você** – Édison de Oliveira
965.**A dama do Bar Nevada** – Sergio Faraco
969.**O psicopata americano** – Bret Easton Ellis
970.**Ensaios de amor** – Alain de Botton
971.**O grande Gatsby** – F. Scott Fitzgerald
972.**Por que não sou cristão** – Bertrand Russell
973.**A Casa Torta** – Agatha Christie
974.**Encontro com a morte** – Agatha Christie
975(23).**Rimbaud** – Jean-Baptiste Baronian
976.**Cartas na rua** – Bukowski
977.**Memória** – Jonathan K. Foster
978.**A abadia de Northanger** – Jane Austen
979.**As pernas de Úrsula** – Claudia Tajes
980.**Retrato inacabado** – Agatha Christie
981.**Solanin (1)** – Inio Asano

982.**Solanin (2)** – Inio Asano
983.**Aventuras de menino** – Mitsuru Adachi
984(16).**Fatos & mitos sobre sua alimentação** – Dr. Fernando Lucchese
985.**Teoria quântica** – John Polkinghorne
986.**O eterno marido** – Fiódor Dostoiévski
987.**Um safado em Dublin** – J. P. Donleavy
988.**Mirinha** – Dalton Trevisan
989.**Akhenaton e Nefertiti** – Carmen Seganfredo e A. S. Franchini
990.**On the Road – o manuscrito original** – Jack Kerouac
991.**Relatividade** – Russell Stannard
992.**Abaixo de zero** – Bret Easton Ellis
993(24).**Andy Warhol** – Mériam Korichi
995.**Os últimos casos de Miss Marple** – Agatha Christie
996.**Nico Demo** – Mauricio de Sousa
998.**Rousseau** – Robert Wokler
999.**Noite sem fim** – Agatha Christie
1000.**Diários de Andy Warhol (1)** – Editado por Pat Hackett
1001.**Diários de Andy Warhol (2)** – Editado por Pat Hackett
1002.**Cartier-Bresson: o olhar do século** – Pierre Assouline
1003.**As melhores histórias da mitologia: vol. 1** – A.S. Franchini e Carmen Seganfredo
1004.**As melhores histórias da mitologia: vol. 2** – A.S. Franchini e Carmen Seganfredo
1005.**Assassinato no beco** – Agatha Christie
1006.**Convite para um homicídio** – Agatha Christie
1008.**História da vida** – Michael J. Benton
1009.**Jung** – Anthony Stevens
1010.**Arsène Lupin, ladrão de casaca** – Maurice Leblanc
1011.**Dublinenses** – James Joyce
1012.**120 tirinhas da Turma da Mônica** – Mauricio de Sousa
1013.**Antologia poética** – Fernando Pessoa
1014.**A aventura de um cliente ilustre** *seguido de* **O último adeus de Sherlock Holmes** – Sir Arthur Conan Doyle
1015.**Cenas de Nova York** – Jack Kerouac
1016.**A corista** – Anton Tchékhov
1017.**O diabo** – Leon Tolstói
1018.**Fábulas chinesas** – Sérgio Capparelli e Márcia Schmaltz
1019.**O gato do Brasil** – Sir Arthur Conan Doyle
1020.**Missa do Galo** – Machado de Assis
1021.**O mistério de Marie Rogêt** – Edgar Allan Poe
1022.**A mulher mais linda da cidade** – Bukowski
1023.**O retrato** – Nicolai Gogol
1024.**O conflito** – Agatha Christie
1025.**Os primeiros casos de Poirot** – Agatha Christie
1027(25).**Beethoven** – Bernard Fauconnier
1028.**Platão** – Julia Annas
1029.**Cleo e Daniel** – Roberto Freire
1030.**Til** – José de Alencar
1031.**Viagens na minha terra** – Almeida Garrett
1032.**Profissões para mulheres e outros artigos feministas** – Virginia Woolf
1033.**Mrs. Dalloway** – Virginia Woolf
1034.**O cão da morte** – Agatha Christie
1035.**Tragédia em três atos** – Agatha Christie
1037.**O fantasma da Ópera** – Gaston Leroux
1038.**Evolução** – Brian e Deborah Charlesworth
1039.**Medida por medida** – Shakespeare
1040.**Razão e sentimento** – Jane Austen
1041.**A obra-prima ignorada** *seguido de* **Um episódio durante o Terror** – Balzac
1042.**A fugitiva** – Anaïs Nin
1043.**As grandes histórias da mitologia greco-romana** – A. S. Franchini
1044.**O corno de si mesmo & outras historietas** – Marquês de Sade
1045.**Da felicidade** *seguido de* **Da vida retirada** – Sêneca
1046.**O horror em Red Hook e outras histórias** – H. P. Lovecraft
1047.**Noite em claro** – Martha Medeiros
1048.**Poemas clássicos chineses** – Li Bai, Du Fu e Wang Wei
1049.**A terceira moça** – Agatha Christie
1050.**Um destino ignorado** – Agatha Christie
1051(26).**Buda** – Sophie Royer
1052.**Guerra Fria** – Robert J. McMahon
1053.**Simons's Cat: as aventuras de um gato travesso e comilão – vol. 1** – Simon Tofield
1054.**Simons's Cat: as aventuras de um gato travesso e comilão – vol. 2** – Simon Tofield
1055.**Só as mulheres e as baratas sobreviverão** – Claudia Tajes
1057.**Pré-história** – Chris Gosden
1058.**Pintou sujeira!** – Mauricio de Sousa
1059.**Contos de Mamãe Gansa** – Charles Perrault
1060.**A interpretação dos sonhos: vol. 1** – Freud
1061.**A interpretação dos sonhos: vol. 2** – Freud
1062.**Frufru Rataplã Dolores** – Dalton Trevisan
1063.**As melhores histórias da mitologia egípcia** – Carmem Seganfredo e A.S. Franchini
1064.**Infância. Adolescência. Juventude** – Tolstói
1065.**As consolações da filosofia** – Alain de Botton
1066.**Diários de Jack Kerouac – 1947-1954**
1067.**Revolução Francesa – vol. 1** – Max Gallo
1068.**Revolução Francesa – vol. 2** – Max Gallo
1069.**O detetive Parker Pyne** – Agatha Christie
1070.**Memórias do esquecimento** – Flávio Tavares
1071.**Drogas** – Leslie Iversen
1072.**Manual de ecologia (vol.2)** – J. Lutzenberger
1073.**Como andar no labirinto** – Affonso Romano de Sant'Anna
1074.**A orquídea e o serial killer** – Juremir Machado da Silva
1075.**Amor nos tempos de fúria** – Lawrence Ferlinghetti
1076.**A aventura do pudim de Natal** – Agatha Christie
1078.**Amores que matam** – Patricia Faur

1079.**Histórias de pescador** – Mauricio de Sousa
1080.**Pedaços de um caderno manchado de vinho** – Bukowski
1081.**A ferro e fogo: tempo de solidão (vol.1)** – Josué Guimarães
1082.**A ferro e fogo: tempo de guerra (vol.2)** – Josué Guimarães
1084(17).**Desembarcando o Alzheimer** – Dr. Fernando Lucchese e Dra. Ana Hartmann
1085.**A maldição do espelho** – Agatha Christie
1086.**Uma breve história da filosofia** – Nigel Warburton
1088.**Heróis da História** – Will Durant
1089.**Concerto campestre** – L. A. de Assis Brasil
1090.**Morte nas nuvens** – Agatha Christie
1092.**Aventura em Bagdá** – Agatha Christie
1093.**O cavalo amarelo** – Agatha Christie
1094.**O método de interpretação dos sonhos** – Freud
1095.**Sonetos de amor e desamor** – Vários
1096.**120 tirinhas do Dilbert** – Scott Adams
1097.**200 fábulas de Esopo**
1098.**O curioso caso de Benjamin Button** – F. Scott Fitzgerald
1099.**Piadas para sempre: uma antologia para morrer de rir** – Visconde da Casa Verde
1100.**Hamlet (Mangá)** – Shakespeare
1101.**A arte da guerra (Mangá)** – Sun Tzu
1104.**As melhores histórias da Bíblia (vol.1)** – A. S. Franchini e Carmen Seganfredo
1105.**As melhores histórias da Bíblia (vol.2)** – A. S. Franchini e Carmen Seganfredo
1106.**Psicologia das massas e análise do eu** – Freud
1107.**Guerra Civil Espanhola** – Helen Graham
1108.**A autoestrada do sul e outras histórias** – Julio Cortázar
1109.**O mistério dos sete relógios** – Agatha Christie
1110.**Peanuts: Ninguém gosta de mim... (amor)** – Charles Schulz
1111.**Cadê o bolo?** – Mauricio de Sousa
1112.**O filósofo ignorante** – Voltaire
1113.**Totem e tabu** – Freud
1114.**Filosofia pré-socrática** – Catherine Osborne
1115.**Desejo de status** – Alain de Botton
1118.**Passageiro para Frankfurt** – Agatha Christie
1120.**Kill All Enemies** – Melvin Burgess
1121.**A morte da sra. McGinty** – Agatha Christie
1122.**Revolução Russa** – S. A. Smith
1123.**Até você, Capitu?** – Dalton Trevisan
1124.**O grande Gatsby (Mangá)** – F. S. Fitzgerald
1125.**Assim falou Zaratustra (Mangá)** – Nietzsche
1126. **Peanuts: É para isso que servem os amigos (amizade)** – Charles Schulz
1127(27).**Nietzsche** – Dorian Astor
1128.**Bidu: Hora do banho** – Mauricio de Sousa
1129.**O melhor do Macanudo Taurino** – Santiago
1130.**Radicci 30 anos** – Iotti
1131.**Show de sabores** – J.A. Pinheiro Machado
1132.**O prazer das palavras** – vol. 3 – Cláudio Moreno
1133.**Morte na praia** – Agatha Christie
1134.**O fardo** – Agatha Christie
1135.**Manifesto do Partido Comunista (Mangá)** – Marx & Engels
1136.**A metamorfose (Mangá)** – Franz Kafka
1137.**Por que você não se casou... ainda** – Tracy McMillan
1138.**Textos autobiográficos** – Bukowski
1139.**A importância de ser prudente** – Oscar Wilde
1140.**Sobre a vontade na natureza** – Arthur Schopenhauer
1141.**Dilbert (8)** – Scott Adams
1142.**Entre dois amores** – Agatha Christie
1143.**Cipreste triste** – Agatha Christie
1144.**Alguém viu uma assombração?** – Mauricio de Sousa
1145.**Mandela** – Elleke Boehmer
1146.**Retrato do artista quando jovem** – James Joyce
1147.**Zadig ou o destino** – Voltaire
1148.**O contrato social (Mangá)** – J.-J. Rousseau
1149.**Garfield fenomenal** – Jim Davis
1150.**A queda da América** – Allen Ginsberg
1151.**Música na noite & outros ensaios** – Aldous Huxley
1152.**Poesias inéditas & Poemas dramáticos** – Fernando Pessoa
1153.**Peanuts: Felicidade é...** – Charles M. Schulz
1154.**Mate-me por favor** – Legs McNeil e Gillian McCain
1155.**Assassinato no Expresso Oriente** – Agatha Christie
1156.**Um punhado de centeio** – Agatha Christie
1157.**A interpretação dos sonhos (Mangá)** – Freud
1158.**Peanuts: Você não entende o sentido da vida** – Charles M. Schulz
1159.**A dinastia Rothschild** – Herbert R. Lottman
1160.**A Mansão Hollow** – Agatha Christie
1161.**Nas montanhas da loucura** – H.P. Lovecraft
1162(28).**Napoleão Bonaparte** – Pascale Fautrier
1163.**Um corpo na biblioteca** – Agatha Christie
1164.**Inovação** – Mark Dodgson e David Gann
1165.**O que toda mulher deve saber sobre os homens: a afetividade masculina** – Walter Riso
1166.**O amor está no ar** – Mauricio de Sousa
1167.**Testemunha de acusação & outras histórias** – Agatha Christie
1168.**Etiqueta de bolso** – Celia Ribeiro
1169.**Poesia reunida (volume 3)** – Affonso Romano de Sant'Anna
1170.**Emma** – Jane Austen
1171.**Que seja em segredo** – Ana Miranda
1172.**Garfield sem apetite** – Jim Davis
1173.**Garfield: Foi mal...** – Jim Davis
1174.**Os irmãos Karamázov (Mangá)** – Dostoiévski
1175.**O Pequeno Príncipe** – Antoine de Saint-Exupéry
1176.**Peanuts: Ninguém mais tem o espírito aventureiro** – Charles M. Schulz

1177.**Assim falou Zaratustra** – Nietzsche
1178.**Morte no Nilo** – Agatha Christie
1179.**Ê, soneca boa** – Mauricio de Sousa
1180.**Garfield a todo o vapor** – Jim Davis
1181.**Em busca do tempo perdido (Mangá)** – Proust
1182.**Cai o pano: o último caso de Poirot** – Agatha Christie
1183.**Livro para colorir e relaxar** – Livro 1
1184.**Para colorir sem parar**
1185.**Os elefantes não esquecem** – Agatha Christie
1186.**Teoria da relatividade** – Albert Einstein
1187.**Compêndio de psicanálise** – Freud
1188.**Visões de Gerard** – Jack Kerouac
1189.**Fim de verão** – Mohiro Kitoh
1190.**Procurando diversão** – Mauricio de Sousa
1191.**E não sobrou nenhum e outras peças** – Agatha Christie
1192.**Ansiedade** – Daniel Freeman & Jason Freeman
1193.**Garfield: pausa para o almoço** – Jim Davis
1194.**Contos do dia e da noite** – Guy de Maupassant
1195.**O melhor de Hagar 7** – Dik Browne
1196(29).**Lou Andreas-Salomé** – Dorian Astor
1197(30).**Pasolini** – René de Ceccatty
1198.**O caso do Hotel Bertram** – Agatha Christie
1199.**Crônicas de motel** – Sam Shepard
1200.**Pequena filosofia da paz interior** – Catherine Rambert
1201.**Os sertões** – Euclides da Cunha
1202.**Treze à mesa** – Agatha Christie
1203.**Bíblia** – John Riches
1204.**Anjos** – David Albert Jones
1205.**As tirinhas do Guri de Uruguaiana 1** – Jair Kobe
1206.**Entre aspas (vol.1)** – Fernando Eichenberg
1207.**Escrita** – Andrew Robinson
1208.**O spleen de Paris: pequenos poemas em prosa** – Charles Baudelaire
1209.**Satíricon** – Petrônio
1210.**O avarento** – Molière
1211.**Queimando na água, afogando-se na chama** – Bukowski
1212.**Miscelânea septuagenária: contos e poemas** – Bukowski
1213.**Que filosofar é aprender a morrer e outros ensaios** – Montaigne
1214.**Da amizade e outros ensaios** – Montaigne
1215.**O medo à espreita e outras histórias** – H.P. Lovecraft
1216.**A obra de arte na era de sua reprodutibilidade técnica** – Walter Benjamin
1217.**Sobre a liberdade** – John Stuart Mill
1218.**O segredo de Chimneys** – Agatha Christie
1219.**Morte na rua Hickory** – Agatha Christie
1220.**Ulisses (Mangá)** – James Joyce
1221.**Ateísmo** – Julian Baggini
1222.**Os melhores contos de Katherine Mansfield** – Katherine Mansfied
1223(31).**Martin Luther King** – Alain Foix
1224.**Millôr Definitivo: uma antologia de *A Bíblia do Caos*** – Millôr Fernandes
1225.**O Clube das Terças-Feiras e outras histórias** – Agatha Christie
1226.**Por que sou tão sábio** – Nietzsche
1227.**Sobre a mentira** – Platão
1228.**Sobre a leitura** *seguido do* **Depoimento de Céleste Albaret** – Proust
1229.**O homem do terno marrom** – Agatha Christie
1230(32).**Jimi Hendrix** – Franck Médioni
1231.**Amor e amizade e outras histórias** – Jane Austen
1232.**Lady Susan, Os Watson e Sanditon** – Jane Austen
1233.**Uma breve história da ciência** – William Bynum
1234.**Macunaíma: o herói sem nenhum caráter** – Mário de Andrade
1235.**A máquina do tempo** – H.G. Wells
1236.**O homem invisível** – H.G. Wells
1237.**Os 36 estratagemas: manual secreto da arte da guerra** – Anônimo
1238.**A mina de ouro e outras histórias** – Agatha Christie
1239.**Pic** – Jack Kerouac
1240.**O habitante da escuridão e outros contos** – H.P. Lovecraft
1241.**O chamado de Cthulhu e outros contos** – H.P. Lovecraft
1242.**O melhor de Meu reino por um cavalo!** – Edição de Ivan Pinheiro Machado
1243.**A guerra dos mundos** – H.G. Wells
1244.**O caso da criada perfeita e outras histórias** – Agatha Christie
1245.**Morte por afogamento e outras histórias** – Agatha Christie
1246.**Assassinato no Comitê Central** – Manuel Vázquez Montalbán
1247.**O papai é pop** – Marcos Piangers
1248.**O papai é pop 2** – Marcos Piangers
1249.**A mamãe é rock** – Ana Cardoso
1250.**Paris boêmia** – Dan Franck
1251.**Paris libertária** – Dan Franck
1252.**Paris ocupada** – Dan Franck
1253.**Uma anedota infame** – Dostoiévski
1254.**O último dia de um condenado** – Victor Hugo
1255.**Nem só de caviar vive o homem** – J.M. Simmel
1256.**Amanhã é outro dia** – J.M. Simmel
1257.**Mulherzinhas** – Louisa May Alcott
1258.**Reforma Protestante** – Peter Marshall
1259.**História econômica global** – Robert C. Allen
1260(33).**Che Guevara** – Alain Foix
1261.**Câncer** – Nicholas James

IMPRESSÃO:

Santa Maria - RS - Fone/Fax: (55) 3220.4500
www.pallotti.com.br